VOLKER RUFF
DER TIGER

Abbreviation
Abkürzungen

s.Pz.Abt.	schwere Panzer-Abteilung	Heavy tank battalion
FHQ	Führerhauptquartier	Fuhrer head quartier
Nr.	Nummer	Number
Pz.-Ers.Abt.	Panzer Ersatz-Abteilung	Tank replacement unit
Tr.Üb.Platz	Truppenübungsplatz	Army training ground
Stabskp.	Stabskompanie	Staff company
Werkst.zug	Werkstatt-Zug	Maintenance platoon
H.Gr.	Heeresgruppe	Army group
Kp.	Kompanie	Company
Fgst.Nr.	Fahrgestellnummer	Chassis plate number
ID	Infanterie-Division	Infantry division
Pz.Kpfw.	Panzerkampfwagen	Main battle tank
Ausf.	Ausführung	Variant / version
3.Zug	Dritter Zug	3rd platoon
KwK	Kampfwagenkanone	Main battle tank gun
ZgKw	Zugkraftwagen	Prime mover
SdKfz	Sonderkraftfahrzeug	Special vehicles
Strabokran	Straßen-Bockkran	Street movable gantry crane
Ofw.	Oberfeldwebel	Master sergeant
SS-Pol.Div.	SS-Polizei Divison	SS police division
Lt.	Leutnant	Lieutenant
Olt.	Oberleutnant	First lieutenant
Hptm.	Hauptmann	Captain
Fw.	Feldwebel	Sergeant
MG	Maschinengewehr	Machine gun
Tiger (P)	Tiger Porsche-Typ	Tiger Porsche type
PK	Propagandakompanie	Propaganda company
Pavesi	Pavesi-Traktor	Pavesi tractor
EK2	Eisernes Kreuz 2. Klasse	Iron cross second class
EK1	Eisernes Kreuz 1. Klasse	Iron cross first class
RK	Ritterkreuz	Knight's cross
EL	Eichenlaub	Oak leaves
AK	Armee Korps	Army corps

For the next volumes of »DER TIGER« s.Pz.Abt. 503 to 510 I am looking for photographs and unit information. Collectors and Historians can contact me via my email address info@strabokran.de or write to my home address.

Für die nachfolgenden Bände über die s.Pz.Abt. 503 bis 510 suche ich noch Bildmaterial und Abteilungsinformationen. Sammler und Historiker können mich über meine E-mail Adresse info@strabokran.de oder über meine Anschrift (Impressum) erreichen.

A PICTORIAL DOCUMENTATION OF THE GERMAN HEAVY TANK BATTALIONS 1942-45

VOLKER RUFF

DER TIGER

VOLUME 2   SCHWERE PANZERABTEILUNG 502

Publisher/Herausgeber

Volker Ruff, Strabokran, Am Erlach 20, 86675 Buchdorf, Germany

2. Auflage 2020

ISBN 978-3-9816908-1-1

© 2020 Volker Ruff. All rights reserved. No part of this publication may be reproduced or transmitted in any form or by any means, optical or mechanical, including photocopy, recording or any information storage and retrieval systems, without permissions in writing form by the publisher.
© 2020 Volker Ruff. Alle Rechte vorbehalten. Nachdruck, auch auszugsweise, sowie Verbreitung in Medien aller Art, fotomechanische Wiedergabe, Übertragung und Speichern in Datenverarbeitungssysteme jeder Art nur mit ausdrücklicher, schriftlicher Genehmigung des Herausgebers.

Design/Gestaltung

Günther Nord, 69434 Heddesbach
info@formwaerts.de

Distribution/Vertrieb

Volker Ruff	RZM Imports, Inc.
Am Erlach 20	PO Box 522
86675 Buchdorf	Riverside, CT 06878
Germany	US
www.strabokran.de	www.rzm.com

Lee Archer
Panzerwrecks Ltd.
Great Priors, Church Street
Old Heathfield
Sussex TN21 9AJ
www.panzerwrecks.com

Printed by/Druck

Druckerei Steinmeier GmbH & Co. KG
Gewerbepark 6
86736 Deiningen

Printed in Germany

	Content	**Inhalt**
6	Introduction and acknowledgement	Einleitung und Danksagung
8	**Formation and first operations – Autumn 1942 and Winter 1942/43**	**Aufstellung und erste Einsätze – Herbst 1942 und Winter 1942/43**
8	Formation	Aufstellung
8	First Actions	Erste Einsätze
18	Staff company – by the Neva December 1942	Stabskompanie – an der Neva Dezember 1942
20	Workshop near Ssologubovka	Werkstattbereich bei Ssologubowka
26	On the way to the front lines – January 1943	Auf dem Weg zur Front – Januar 1943
30	In action – Mid February 1943	Einsätze – Mitte Februar 1943
34	Mishkino – February 1943	Mischkino – Februar 1943
38	**Tossno Base**	**Stützpunkt Tossno**
40	Tossno – Spring 1943	Tossno – Frühjahr 1943
44	Tossno workshop – Spring 1943	Tossno Werkstatt – Frühjahr 1943
46	**Completion of the Abteilung**	**Vollaufstellung der Abteilung**
46	Ploermel – May/June 1943	Ploermel – Mai/Juni 1943
54	**Spring to Summer 1943**	**Frühjahr bis Sommer 1943**
54	1./502 – Stützpunkt Zingri	1./502 – Stützpunkt Zingri
57	1./502 – 3rd battle of Ladoga – Summer 1943	1./502 – Dritte Ladoga-Schlacht – Sommer 1943
59	1./502 – Tossno base – Summer 1943	1./502 – Stützpunkt Tossno – Sommer 1943
60	**3rd battle of Lake Ladoga – Summer 1943**	**Dritte Ladoga-Schlacht – Sommer 1943**
60	Marshalling area	Im Bereitstellungsraum
64	Sinyavino hills – a »village of bunkers«	Sinjawino-Höhen – »Bunkerdorf«
65	Arrival of 2./502	Ankunft der 2./502
68	North of Mga – August 1943	Nördlich von Mga – August 1943
73	The end of the battle	Das Ende der Schlacht
74	After the Third Ladoga battle	Nach der Dritten Ladoga-Schlacht
76	Excerpt from D659/4	Auszug aus D659/4
80	Test drive with Tiger 311	Übungsfahrt mit Tiger 311
86	**Defensive forces near Nevel – 1943/44**	**Abwehrkampf bei Newel – 1943/44**
86	Alarm – Tossno October 1943	Alarm – Tossno Oktober 1943
94	A Tiger veteran – Nr. 113	Ein Tiger-Veteran – Nr. 113
96	Surrounding of Pustoshka – Nevel	Umgebung von Pustoschka – Newel
100	Nevel – November 1943	Newel – November 1943
106	»Stop the Tigers« – Dezember 1943	»Halt für Tiger« – Dezember 1943
110	Recovery with Panzerkampfwagen	Bergen mit Panzerkampfwagen
112	**End of the siege of Leningrad – Spring 1944**	**Ende der Belagerung von Leningrad – Frühjahr 1944**
112	Oranienbaum bridgehead – Narva February 1944	Brückenkopf Oranienbaum – Narwa Februar 1944
114	Volosovo – February 1944	Wolosowa – Februar 1944
116	Narva – Spring 1944	Narwa – Frühjahr 1944
118	**Summer offensive 1944**	**Sommeroffensive 1944**
118	Ostrov and Daugavpils – Summer 1944	Ostrow und Dünaburg – Sommer 1944
120	Daugavpils – Rokiskis – Birsen	Dünaburg – Rokiskis – Birsen
122	Birsen – July 1944	Birsen – Juli 1944
124	**Retreat to Courland – Autumn 1944**	**Rückzug nach Kurland – Herbst 1944**
124	Memel pocket – 1944/45	Brückenkopf Memel – 1944/45
126	The last Tigers – 1945	Die letzten Tiger – 1945

INTRODUCTION AND ACKNOWLEDGEMENT
EINLEITUNG UND DANKSAGUNG

For the great success of volume one and the suggestions received I would like to say thank you to all readers.

The pictures for volume two are grouped by timeline or sequence with additional information about the unit. Suggestions were acted upon and will be also noted for the next volumes. The photographic material originates from private collections and public archives. Pictures from PK photographers of Heer and Luftwaffe propaganda companies are included as well as private photographs by members of s.Pz.Abt 502, some of lower quality and included for their uniqueness.

I particularly want to thank for making available unique and sometimes unpublished photos from their private collections, Rob Fraser (RFR), Lukas Friedli (LFR), Todd Glysen (TGN), Steve Lasseck (SLK), Greg Del Nero (GDN), Karlheinz Münch (KHM) and Dave Williams (DWS). Pictures were added from the Bundesarchiv (BArch) with support from Mrs. Walter, NARA (USA), Ullsteinbild (Ullstein) and the Bavarian State Library (BSB). Information about s.Pz.Abt.502 was provided by Heiner Duske, Lukas Friedli, Jim Haley, Darren Neely and by my own research in the Militärarchiv Freiburg (BAMA).

Thanks also for the great support by Chris Brown and David Byrden, for clarification of technical questions about the Tigers of 502, and also to those not named who have contributed to the development of volume two. For the English text editing I thank John Prigent and David Byrden.

Thanks also for the professional layout done by Günther Nord and printing by Druckerei Steinmeier GmbH & Co. KG.

Für den großen Erfolg von Band 1 und für die Anregungen meiner interessierten Leserschaft möchte ich mich bedanken.

Die Abbildungen sind im zeitlichen Ablauf angeordnet und durch abteilungsspezifischen Informationen ergänzt. Viele Anregungen wurden dabei aufgenommen und werden auch in den noch erscheinenden Bänden berücksichtigt. Das Fotomaterial wurde aus privaten Sammlungen zur Verfügung gestellt und mit Bildmaterialien aus öffentlichen Archiven ergänzt. Die ausgewählten Aufnahmen stammen von Angehörigen der Abteilung sowie von professionellen PK-Fotografen der Propagandakompanien aus Heer und Luftwaffe. Trotz unterschiedlicher fotografischer Qualität zeichnen sich alle durch einen hohen dokumentarischen Wert aus.

Bedanken möchte ich mich vor allem für die Bereitstellung von teils unveröffentlichten Aufnahmen aus den Sammlungen von Rob Fraser (RFR), Lukas Friedli (LFR), Todd Glysen (TGN), Steve Lasseck (SLK), Greg Del Nero (GDN), Karlheinz Münch (KHM) und Dave Williams (DWS). Bilder aus öffentlichen Archiven, dem Bundesarchiv (BArch), wurden mit Unterstützung von Frau Walter ermöglicht, weitere Bilder sind aus dem NARA-Archiv (USA), Ullsteinbild (Ullstein) und Bayerische Staatsbibliothek (BSB) hinzugekommen. Informationen zur s.Pz.Abt.502 wurden bereitgestellt von Heiner Duske, Lukas Friedli, Jim Haley, Darren Neely, Karlheinz Münch und eigener Recherchen im Militärarchiv Freiburg (BAMA).

Danke für den regen Informationsaustausch mit Chris Brown und David Byrden zur Abklärung und Bestimmung technischer Fragen an den Tigern der 502, das gilt auch für alle nicht genannten Personen die Ihren Beitrag zum Gelingen von Band 2 geleistet haben. Für die englische Textbearbeitung bedanke ich mich bei John Prigent und David Byrden.

Danke für das in gekonnter Weise erstellte Layout an Günther Nord und der Umsetzung durch Druckerei Steinmeier GmbH & Co. KG.

1 Stopover at Rastenburg – Fuhrer HQ, the »Wolf's lair« – at the beginning of July 1943. Tiger Nr.231 of 2./502 was included as part of a »new weapons« exhibition to senior officers of the Army High Command on a training ground near Rastenburg. The vehicle is an early model from April/May 1943 production.

1 Zwischenstopp in Rastenburg FHQ Führerhauptquartier Wolfsschanze – Anfang Juli 1943. Der Tiger Nr.231 der 2./502 wurde als Teil einer Ausstellung »neuer Waffen« auf einem Übungsplatz bei Rastenburg Führungsoffizieren des OKH vorgestellt. Das Fahrzeug ist eine frühe Ausführung aus der Fertigung April/Mai 1943.

FORMATION AND FIRST OPERATIONS – AUTUMN 1942 AND WINTER 1942/43
AUFSTELLUNG UND ERSTE EINSÄTZE – HERBST 1942 UND WINTER 1942/43

Formation

The Abteilung was formed in May 1942 with personnel from Pz.-Ers. Abt.35, Bamberg – military district XIII (Nuremberg).

Organisation: staff, Staff Kp. 2 Kp. Maintenance Kp.

Training of officers, technical staff and tank drivers (tanks crews) was done at the Henschel facility. In July the unit was moved to Tr.Üb.Platz Bergen (Fallingbostel) for driving training and firing exercises.
The 1st company, Staff, Staff company, and a reduced Werkst.Zug were assigned to the H.Gr.Nord.

The 2nd company was send in January to the H.Gr. Süd, attached to s.Pz.Abt.503 and were redefined as 3./503 of s.Pz.Abt.503

First Actions

On the 29.8.1942 the first 4 Tigers of the Abteilung arrived at Mga railway station. On the same day, the first day in action was marked by the failure of three vehicles due to engine failures, gearbox troubles and other technical problems. All failed Tigers were recovered by the »Bergezug« and repaired by the Maintenance Company within days.

Aufstellung

Die Abteilung wurde im Mai 1942 in Bamberg mit Mannschaften der Panzerersatzabteilung 35 (Pz.-Ers.Abt.35) – Wehrkreis XIII, aufgestellt.

Gliederung: Stab, Stabs Kp., 2 Kp., Werkstatt-Kp.

Im Juli 42 verlegte die Abteilung auf den Truppenübungsplatz Bergen (Fallingbostel), um dort die notwendigen Fahr- und Schießübungen durchzuführen. Nach Abschluß der Einweisung wurde die erste Kompanie mit Stab, Stabsabteilung und einem reduzierten Werkstatt-Zug der Heeresgruppe Nord (H.Gr.Nord) zugeteilt.

Die zweite Kompanie wurde der Heeresgruppe Süd (H.Gr.Süd) zugewiesen, dort der s.Pz.Abt.503 unterstellt und Ende Januar als 3./503 in die Abteilung übernommen.

Erste Einsätze

Am 29.8.1942 trafen die ersten vier Tiger der Abteilung im Bahnhof von Mga ein. Noch am gleichen Tag, war der erste Einsatztag gekennzeichnet durch den Ausfall von drei Fahrzeugen aufgrund von Motorenausfällen, Getriebeschäden und sonstiger technischer Probleme. Alle ausgefallenen Fahrzeuge wurden von den Bergezügen geborgen und in der Werkstatteinheit an den darauf folgenden Tagen wieder instandgesetzt.

2 »On a test run« – an unknown Tiger with unidentified number in the rear of the operational area during a test run. Such »driving« opportunities were always welcomed by workshop crews for a souvenir picture.
This Tiger, one out of the range Fgst.Nr.250001 to 250020 were outfitted with left and right cross-country tracks. Starting with Fgst.Nr.250021, standardized Kgs 63/725/130 cross-country tracks were fitted on both sides.

2 »Auf Probefahrt« – ein Tiger mit unbekannter Nummer wird im rückwärtigen Einsatzgebiet einer Testfahrt unterzogen. Solche »Fahr«-Gelegenheiten wurden gerne von Mannschaften der Werkstattkompanie für ein Erinnerungsfoto wahrgenommen.
Dieser Tiger aus der Serie mit der Fgst.250001 bis 250020 wurde mit einer linken und rechten Marschkette ausgerüstet.
Ab Fgst.Nr.250021 wurde die neue standardisierte Gleiskette Kgs 63/725/130 beidseitig verbaut.

3 Tiger Nr.111 is guided into its parking area. The first Tigers were delivered still lacking stowage boxes on their turrets; other equipment was also only sparsely available, and mudguards were completely missing. This Tiger is from the first manufacturing batch. An antenna pivot still existed on the rear wall for the rod antenna but however was not used. The cutout for the antenna's pivot was closed by a plug starting from Fgst. Nr.250011 onward.

3 Tiger Nr.111 wird in seinen Abstellplatz eingewiesen. Die ersten Tiger wurden noch ohne eine Staukiste am Turm ausgeliefert. Auch waren weitere Ausrüstungsteile nur spärlich vorhanden und die seitlichen Kettenabdeckbleche fehlen noch gänzlich. Der Tiger ist aus dem ersten Fertigungslos. Am Heck ist eine Lagerung für die Stabantenne zu sehen, die aber bei diesem Panzer nicht benutzt wurde. Der Ausschnitt für den Antennenfuß wurde ab der Fgst.Nr.250011 mit einem Stopfen verschlossen.

4

4, 5 At the end of September all available Tigers were subordinated to the 170.ID in the area around Tortolovo – Markova to smash a breakthrough Russian unit. Tiger Nr.111, with infantrymen of 170.ID standing on the rear deck, is just driving to the front line near Mga.
Tiger Nr.112 passes a supply unit near the front lines. This tank was the only Tiger with camouflage paint on the tank-grey base. The somewhat bright color was applied in patches. The mounting brackets for the smoke candle dischargers had already been welded on the first Tigers delivered, but still without the actual smoke candles.

4, 5 Ende September wurden alle vorhanden Tiger der 170.ID unterstellt und im Gebiet um Tortolowo – Markowa bei der Zerschlagung eines russischen Truppenverbandes eingesetzt. Auf dem Foto erkennt man den Tiger Nr.111 mit aufsitzenden Infanteristen der 170.ID auf der Fahrt im Frontabschnitt bei Mga.
Tiger Nr.112 passiert eine Versorgungseinheit im Frontabschnitt. Dieser Panzer war der einzige Tiger der einen Tarnanstrich auf dem panzergrauen Basisanstrich aufwies. Die etwas hellere Farbe wurde in Flecken aufgetragen. Die Halterungen für die Nebelwurfbecher waren bereits an den ersten Tigern angeschweißt aber noch ohne die Wurfbecher ausgeliefert worden.

5

6 This unidentified Tiger of 1./502 will be unloaded on a detachable tank ramp. The tank ramp was installed behind the flatcar on a supporting wedge, and bridged by two more ramps to the flatcar. The rail bed had to be sufficiently strengthened to support it and avoid it slipping off, as this would lead to problems during unloading.

7 Another unknown Tiger of 1./502, already equipped with its »left side« combat tracks, arrives in the marshaling area. If railway sidings were available Tigers were sent to the front line by rail transport, even for shorter distances, to prevent damage.

6 Über eine zerlegbare Panzerrampe wird dieser nicht identifizierbare Tiger der 1./502 entladen. Die Panzerrampe wurde hinter dem Plattformwagen auf einer Stütze aufgesetzt und mit zwei Rampen zum Plattformwagen überbrückt. Für die Stützen musste das Gleisbett ausreichend gefestigt sein, was bei einem Abrutschen der Stützen, wie im vorliegenden Fall, zu Problemen bei der Entladung führen konnte.

7 Ein weiterer unbekannter Tiger der 1./502, der bereits mit der standardisierten Gleiskette Kgs 63/725/130 versehen ist, trifft im Bereitstellungsraum ein. Bei vorhandenen Gleisanschlüssen wurden selbst kürzere Wegstrecken zum Einsatzort zur Schonung der Fahrzeuge meist per Eisenbahntransport durchgeführt.

8 The first loss – on 22.9.42 Tiger Nr.xxx, probably Nr.112, failed due to technical damage. A hand grenade had caused an explosion and fire in the vehicle. Recovery in the difficult swampy area was not possible, so after consultation and approval by Army Command its demolition was authorized in November. Mechanics of the workshop unit investigate the wreck for usable components – e.g. the muzzle brake, here with its retaining ring for the gun barrel released and prepared for dismounting.

8 Der erste Verlust – am 22.9.42 fällt Tiger Nr.xxx, vermutlich Nr.112, durch einen technischen Schaden aus. Eine Handgranate hat im Fahrzeug eine Explosion und einen Brand ausgelöst. Eine Bergung war im schwierigen sumpfigen Gelände unmöglich. Nach Rücksprache und Freigabe durch höhere Dienststellen wurde im November die Sprengung bewilligt. Mechaniker der Werkstatteinheit untersuchen das Wrack auf verwertbare Bauteile – z.B. die Mündungsbremse. Der Haltering zum Kanonenrohr ist gelöst und für den Ausbau vorbereitet.

9 The initial equipment of 1./502 also included some Pz.Kpfw.III Ausf. L with 5 cm KwK 38. The tanks arrived in the deployment area on Cologne-type SSK flatcars. This Pz.Kpfw.III with turret Nr.141 belongs to the 4.Zug of 1./502.

10 The smoke candle discharger – in detail. Starting from October 1942 Tigers with smoke candle dischargers were delivered. A Type NbK-S-39 smoke grenade was fired from the discharger. Three dischargers were fitted in mounting brackets on each side of the turret side until June 1943 with turret Nr.286.

9 Zur Erstausstattung der 1./502 gehörten auch einige Pz.Kpfw.III Ausf. L mit 5 cm KwK 38. Verladen auf Plattformwagen vom Typ SSK Typ Köln trafen die Panzer im Einsatzgebiet ein. Der Pz.Kpfw.III mit Turm Nr.141 gehört zum 4.Zug der 1./502.

10 Das Nebelwurfgerät im Detail. Ab Ende Oktober 1942 wurden die Tiger mit einem Nebelwurfgerät ausgeliefert. Eine Schnellnebelkerze vom Typ NbK-S-39 wurde in die Wurfbecher eingesetzt und ausgeworfen. Jeweils drei Nebelwurfbecher sind auf die angeschweißten Bügel beidseitig am Panzerturm montiert und wurden bis Juni 1943 mit Turm Nr.286 verbaut.

11 On 23.9.1942 Tiger Nr.102 arrives at Elisavetino Station to march into the marshaling area near the front line. Smoke candle dischargers, and a storage box from Pz.Kpfw.III production, are mounted on the Tiger for the first time. Support racks for spare track links, the upper section removable, are welded on the hull front plate. The white mammoth was on the hull front plate, the turret rear wall and a white Balkenkreuz besides the turret number were the only markings applied.

11 Am 23.9.1942 trifft Tiger Nr.102 im Bahnhof von Jelisawentino ein, von dort wird weiter in den Bereitstellungsraum in Frontnähe verlegt. Am Tiger-Turm sind erstmals die Nebelwurfgeräte und eine Staukiste aus der Pz.Kpfw.III-Fertigung montiert. Halteschienen für Ersatzkettenglieder sind am Wannenbug angeschweißt, davon ist die obere Schiene demontierbar. Das weiße Mammut auf der Frontplatte und an der Turmrückwand, sowie ein weißes Balkenkreuz sind neben der Turmnummer die einzigen verwendeten Kennzeichen.

12 This image showing a Pz.Kpfw.III Ausf. L with 5 cm KwK 38 and turret Nr.101 was taken at the Tossno base. The whitewash winter camouflage was already greatly washed out by rainy weather.

13 A Pz.Kpfw.III with turret No. 131 of the 3.Zug of 1./502 found a resting place in a small forest near Gory.

12 Diese Aufnahme eines Pz.Kpfw.III Ausf. L mit 5 cm KwK 38 und Turm Nr.101 wurde im Stützpunkt Tossno aufgenommen. Der Winteranstrich mit Kalkfarbe ist durch die regnerische Witterung bereits stark ausgewaschen.

13 In einem Waldstück bei Gory hat der Pz.Kpfw.III mit Turm Nr.131 vom 3.Zug der 1./502 einen Rastplatz gefunden.

14 On this Pz.Kpfw.III Ausf. L with 5 cm KwK 38 and unknown turret number a winter camouflage was applied with white paint, only its turret number and the unit marking left uncovered. The front plate of the gun mantlet's spaced armor is missing from the turret, a detail which can be often found missing from Pz.Kpfw.III of 502.

14 Auf diesem Pz.Kpfw.III Ausf. L mit 5 cm KwK 38 und unbekannter Turmnummer wurde der weiße Winteranstrich großflächig aufgebracht, nur die Turmnummer und das Abteilungswappen wurden ausgespart. Am Turm fehlt die Frontplatte der Vorpanzerung an der Walzenblende, ein oft vorzufindendes Detail bei den verwendeten Pz.Kpfw.III der Abteilung 502.

**Staff company – by the Neva
December 1942**

**Stabskompanie – an der Neva
Dezember 1942**

15, 16 These two photographs taken in a small forest near Gory by the river Neva on 2. December 1942 show two Pz.Kpfw. III Ausf.N with 7.5 cm KwK 24 and a Tiger of the staff company covered by a large tarpaulin. The Tiger, probably with the turret Nr.102, still has no winter camouflage paint. Befehlstigers were not produced yet, so the staff company used ordinary Tigers.

15, 16 Die beiden Aufnahmen sind am 2. Dezember 1942 in einem Waldstück bei Gory an der Newa entstanden und zeigen zwei Pz.Kpfw.III Ausf.N mit 7,5 cm KwK 24 und einen Tiger der Stabskompanie bedeckt mit einer großen Plane. Der Tiger, vermutlich mit Turm Nr.102, hat noch keinen Winteranstrich erhalten. Die Stabskompanie verwendete noch normale Tiger – Befehlstiger wurden noch nicht gefertigt.

Workshop near Ssologubovka

Over the winter 42/43, until the end of January, the workshop area of Abteilung 502 was located in a small wood near Ssologubovka. Here the roomy workshop tent and the Strabokran were erected beside lodges for the mechanics.

Werkstattbereich bei Ssologubowka

Über den Winter 42/43 bis Ende Januar befand sich der Werkstattbereich der Abteilung 502 in einem kleinen Wäldchen bei Ssologubowka. Dort war das große Werkstattzelt und der Strabokran aufgestellt und auch Unterkünfte für die Mechaniker vorhanden.

17 Winter 42/43 - Tiger Nr.12x in the workshop near Ssologubovka. At the end of January the workshop department moved to the new Tossno base. The Tiger with heavily-weathered winter camouflage is waiting for the mechanics.

17 Winter 42/43 – Tiger Nr.12x im Werkstattbereich bei Ssologubowka. Ende Januar verlegte die Werkstattabteilung in den neuen Stützpunkt Tossno. Der Tiger im stark verwaschenen Winteranstrich wartet auf den Einsatz der Mechaniker.

18, 19 On Tiger Nr.122 welding has to be done so oxygen and acetylene bottles are placed nearby ready to start on the repairs, but a quick break is taken for a photo shoot.

18, 19 Am Tiger Nr.122 waren Schweißarbeiten durchzuführen, Sauerstoff- und Azetylenflasche wurden herbeigeschafft, um mit den Instandsetzungsarbeiten zu beginnen. Die Pause wurde schnell noch für ein Foto genutzt.

20, 21 With failure of the steering gears and transmission or turret drive unit one had to be able to lift the turret off. A 10t DEMAG crane on an FAUN 6x4, later also fitted on an 18t ZgKw SdKfz 9/2, or the Strabokran were used for this purpose. The Strabokran, here in the early 15t variant, became the indispensable tool of the workshop units. The gantry crane was erected in front of the large workshop tent. Maintenance could then start inside the tent, protected from the weather.

20, 21 Bei Ausfall des Lenk- und Wechselgetriebes oder des Turmantriebes musste man den Turm abheben. Ein 10t DEMAG Kran auf FAUN 6x4, später auch auf einer 18t ZgKw SdKfz 9/2 montiert, oder der Strabokran kamen für diesen Zweck zum Einsatz. Der Strabokran, hier in der frühen 15t Ausführung, wurde zum unersetzlichen Helfer der Werkstatteinheiten. Der Portalkran wurde vor dem großen Werkstattzelt aufgestellt. Vor Wetter geschützt konnten die Wartungsarbeiten im Zelt durchgeführt werden.

22

23

22, 23 The work on Tiger Nr.122 is completed, so now another short inspection and briefing and the Tiger is again operational. The Tiger has short sheet metal covers on its exhaust pipes, and the stowage bin is missing from the turret.

22, 23 Die Arbeiten am Tiger Nr.122 sind beendet, noch eine kurze Prüfung und Einweisung und der Tiger ist wieder einsatzbereit. Am Tiger sind kürzere, niedrigere Blechhülsen auf den Auspufftöpfen montiert, auch fehlt die Gepäckkiste am Turm.

24 The forest eastward of the Neva river near Gorodok was crisscrossed by narrow trackways, the ground to their left and right soft and boggy – a completely unsuitable area for the Tigers weighing 56t, which could lead the fight only from the tracks. Tiger Nr.121 passes a base of the 170.ID. Field telephone wires are very low-hanging, so in order not to tear these off with the Tiger's high silhouette a soldier is sitting on the top with a stake (Stocherstange) to push away the cables.

24 Das Waldgebiet östlich der Newa bei Gorodok war durchzogen von schmalen Waldwegen, links und rechts davon weicher Boden mit Hochmooren, ein völlig ungeeignetes Gelände für den 56t schweren Tiger, der den Kampf nur von den Wegen aus führen konnte. Tiger Nr.121 passiert einen Stützpunkt der 170.ID. Die Feldkabelleitungen sind sehr tiefhängend. Um diese nicht durch den recht hohen Tiger abzureißen, hat der begleitende und auf dem Panzer sitzende Soldat die Aufgabe, mit einer Stake (Stocherstange) die Leitungen abzuhalten.

25 The journey of Tiger Nr.123 also follows this forest track. Its rear wall shows the layout of the tool sets: jack, jack-supporting block, wire cutter, axe and shovel were arranged differently on each Tiger of this company. To hide the exhaust gas flames, visible far away, sheet metal sleeves in different lengths were welded on the exhaust pipes. This field modification was done to all available Tigers and used until the beginning of February 1943.

25 Auch die Fahrt von Tiger Nr.123 führt über diesen Waldweg. Die Heckseite zeigt die Anbringung der Werkzeuge: Stockwinde, Unterlegklotz, Drahtschere, Beil und Schaufel wurden an jedem Tiger der Abteilung unterschiedlich ausgelegt. Um die weithin sichtbaren Abgasflammen abzudunkeln hat man versuchsweise Blechhülsen in unterschiedlichen Längen auf die Auspuffrohre geschweißt. Diese Feldmodifikation wurde an allen verfügbaren Tiger angebaut und war bis Anfang Februar 1943 in Verwendung.

On the way to the front lines – January 1943

The Second Battle of Lake Ladoga began on the morning of 12th January with a heavy artillery barrage at the bottleneck between Sisselburg and Lipki. In the west Russian troops of the 67th Army attacked across the frozen river Newa, and from the East the 2nd Strike Army attacked the German positions in the bottleneck. The Tigers of Abteilung 502 supported the Infantry Divisions in their defensive positions.

Auf dem Weg zur Front – Januar 1943

Die Zweite Ladoga-Schlacht wurde am Morgen des 12.1.43 mit einem schweren Artilleriebeschuss auf den Flaschenhals zwischen Schlüsselburg und Lipki eröffnet. Im Westen griffen Russischen Truppen der 67. Armee über die zugefrorene Newa und im Osten der 2. Stoßarmee die deutschen Stellungen im Flaschenhals an. Die Tiger der Abteilung 502 unterstützten die Infanterie-Divisionen bei Ihren Abwehrkämpfen.

26 On the way to the front, south of Sisselburg – Lake Ladoga/Neva River, Tiger Nr.xxx passes a shelled and burnt-out bunker. The tank grey of the Tiger was camouflaged by large patches of whitewash for the winter months.

26 Auf dem Weg zur Front, südlich von Schlüsselburg – Ladogasee/Newa Fluss, passiert Tiger Nr.xxx eine in brandgeschossene Bunkeranlage. Das Panzergrau am Tiger wurde mit großen Flecken weißer Kalkfarbe für die Wintermonate getarnt.

27 16./17. January 1943 – accompanied by a Pz.Kpfw.III Ausf.N and infantry of the 96.ID, the Tiger with turret Nr.100, painted on storage boxes made by the workshop and mounted on both sides of the turret, reconnoiters a tract of land in the front area. On 17./18. January this Tiger was slightly damaged in combat. Because the »Bergezug« was not available in time it could not be recovered. During the night of 18./19. January the Russians towed it away from the front line.

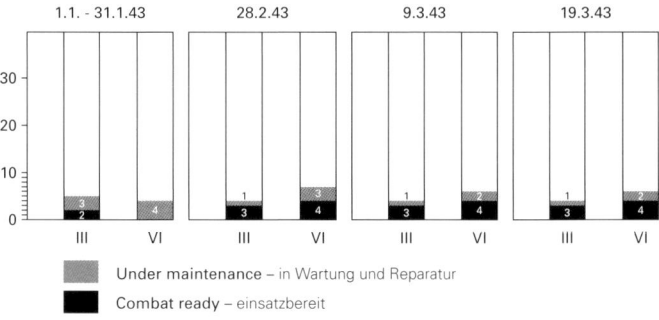

Extract – assigned tank status, s.Pz.Abt.502, Heeresgruppe Nord – AOK 18 (BAMA)

Auszug – Unterstellungsverhältnis – Panzerlage s.Pz.Abt.502, Heeresgruppe Nord – AOK 18 (BAMA)

28 Tiger Nr.111 – still largely lacking the white winter paint on its turret and hull front. Obviously the painting could not be finished before the mission began.
Damage by a hit above the driver's visor was covered with a 25mm steel plate. With this identifying feature, the life of this Tiger can be followed over the next month.

29 Tiger No. 121 – here the winter white paintwork was completely applied to the intended areas. The painting carried out in this style concealed it very well in this enviroment. The Tiger of Ofw. Böhler was knocked out on 18.1 and recovered days later by Russian troops.

28 Tiger Nr.111 – der Winteranstrich fehlt noch großflächig am Turm und an der Frontplatte. Offensichtlich hat man es vor dem Einsatz nicht mehr geschafft den Anstrich zu vervollständigen. Ein Beschussschaden oberhalb der Fahrerblende wurde mit einer 25 mm starken Stahlplatte verschlossen. Mit diesem Merkmal lässt sich der Tiger in seinen weiteren Einsätzen gut verfolgen.

29 Tiger Nr. 121 – hier wurde der Winteranstrich auf alle beabsichtigten Flächen aufgetragen. Der in dieser Art ausgeführte Anstrich löst die Kontur des Panzers gegenüber dem Gelände sehr gut auf. Der Tiger von Ofw. Böhler wurde am 18.1.43 abgeschossen und Tage später von russischen Truppen geborgen.

30 Tiger Nr.123 during a combat break. The side view shows very noticeably how the paint was applied with a wide paintbrush or a broom. On the turret's rear wall the small luggage bin of Pz III type is attached below the turret lifting lug. Also on this Tiger the sheet metal sleeves for hiding the exhaust flames have additional cooling slots cut into them.

30 Tiger Nr.123 während einer Gefechtspause. Die Seitenaufnahme zeigt sehr deutlich wie der Anstrich mit einem breiten Pinsel oder Bürste aufgetragen wurde. An der Turmrückwand ist der kleine Gepäckkasten Typ Pz III unterhalb der Tragzapfen am Turm angebaut. Auch an diesem Tiger sind die Blechhülsen zur Abdunkelung der Auspuffflammen vorhanden und mit zusätzlichen Kühlschlitzen versehen.

In Action – Mid February 1943

Middle of February 1943 near Tschernischevo a group of Tiger tanks supported by some Pz.Kpfw.III Ausf.N gathers on a snow-covered road. The Tigers are getting ready for a mission, so the latest arrivals will be refueled and supplied with ammunition.

Einsätze – Mitte Februar 1943

Mitte Februar 1943 versammeln sich auf einer verschneiten Straße bei Tschernischewo eine Gruppe von Tiger. Sie werden von einigen Pz.Kpfw.III der Ausf.N begleitet. Die Tiger machen sich für einen Einsatz bereit, die letzten Fahrzeuge werden noch betankt und mit Munition versorgt.

31, 32 At the beginning of February the unit received three replacement Tigers. These were immediately painted for winter combat with whitewash and some strikingly darkgrey patches painted on. The Tigers, two of them were replacements, could identified by the pattern of their patches as Nr.1, Nr.2 and Nr.3 (former 122). Actual numbers were only painted on afterwards, in mid-February 1943.

31, 32 Anfang Februar erhielt die Abteilung drei Ersatzfahrzeug zugewiesen. Diese wurden umgehend für den Wintereinsatz mit weißer Kalkfarbe gestrichen und erhielten einige markante dunkelgraue Flecken aufgemalt. Die Tiger, davon zwei aus der Ersatzlieferung, lassen sich über diese Flecken als Nr.1, Nr.2 und Nr.3 (ex 122) identifizieren. Die Nummerierung wurde erst nach diesem Einsatz Mitte Februar 1943 vergeben.

33 A Tiger (former 122), the later Nr.3 – Balkenkreuz markings and actual numbers were not used at the beginning of February. The striking darkgrey patches applied on the white winter camouflage were painted with a wide paint brush.

34 Supply vehicles were brought up to supply the Tigers with fuel and ammunition. After the experiences of the 1941/42 winter battles the soldiers were outfitted for winter 1942/43 with new winter clothing, reversible jackets and felt boots.

33 Tiger (ex 122), die spätere Nr.3 – eine Kennzeichnung mit Balkenkreuz und Nummer war Anfang Februar nicht vorhanden. Die markanten dunkelgrauen Flecken wurden auf die weiße Wintertarnung mit einem breiten Pinsel aufgetragen.

34 Versorgungsfahrzeuge wurden herangefahren, um die Tiger mit Treibstoff und Munition zu versorgen. Nach den Erfahrungen der Winterschlachten 1941/42 wurden die Soldaten für den Winter 1942/43 mit neuer Winterbekleidung, Wendejacken und Filzstiefeln ausgestattet.

35 Engine problems have forced this Tiger to stop. The engine hatch is open, showing its underside in medium blue-grey (RAL7009), likely made dirty by the engine. Patches of dark grey color were painted over the lime paint, but did not dry well in the cold winter temperature so we can see runs of dark grey paint on the front bow plate. The Tiger is one of the February replacements and was marked with the number 1 a few days later.

35 Motorprobleme haben diesen Tiger zu einem Halt gezwungen. Die Motorklappe ist geöffnet. Die in blaugrau (RAL7009) gestrichene Innenseite der Motorklappe wurde durch den Motor stark verschmutzt. Auf die Kalkfarbe wurden vereinzelte dunkelgraue Flecken aufgemalt; die Farbe ist bei den Wintertemperaturen aber nur schlecht getrocknet und hat Verlaufspuren an der Frontplatte hinterlassen. Der Tiger ist aus der Ersatzlieferung von Anfang Februar und wurde Tage später mit der Nr.1 gekennzeichnet.

36 This Tiger, the later Nr.2, is an early production tank from among the replacements received at the beginning of February. Only a few darkgrey patches were painted on the white winter camouflage. The two openings for the drive's binocular K.F.F.2 periscope are noticeable.

37 One of the last two Tigers from the initial production batch got itself stuck in a riverbed. This Tiger (former 122), which later became Nr.3, was completely painted white, over which striking darkgrey patches were added on the visible parts of the hull and turret. In a top view the tank was just white. Note the exhaust pipes extending over their sheet metal sleeves with cooling vents.

36 Der Tiger, die spätere Nr.2, ist eine frühe Ausführung aus der Ersatzlieferung von Anfang Februar. Auf den weißen Winteranstrich wurden nur wenige Flecken mit dunkelgrauer Farbe aufgemalt. Über der Fahrerblende sind die Bohrungen für das Binokular K.F.F.2 zu erkennen.

37 Einer der letzten beiden Tiger aus dem ersten Produktionslos hat sich in einem Flussbett festgefahren. Der Tiger (ex 122), die spätere Nr.3, wurde komplett mit weißer Farbe gestrichen. Über diese Farbe wurden dann die markanten dunkelgrauen Flecken gemalt die nur auf den Sichtflächen der Wanne und am Turm zu finden sind. In der Draufsicht ist der Panzer weiß gehalten. Man beachte die Auspuffrohrverlängerung aus Blechhülsen mit eingeschnittenen Lüftungsschlitzen.

Mishkino – February 1943

From mid-February 1943 Kampfgruppe »Sudau« supported the 4.SS-Pol. Div. and the 24.ID in their defensive engagements and repulsion of Russian attempts to break through in the Mishkino-Badayev (Nikolskoye) area southwest of Lake Ladoga.

Mischkino – Februar 1943

Seit Mitte Februar 1943 unterstützt die Kampfgruppe »Sudau« die 4.SS-Pol. Div. und die 24.ID bei ihren Verteidigungsgefechten und Abriegelungen russischer Durchbruchversuche im Raum Mischkino-Badajew (Nikolskoye) südwestlich des Ladogasees.

38 The Tiger of Lt. Meyer passes at full speed a dug-in bunker on the road between Mishkino-Badayev, its position only shown by the stovepipe for air and smoke. The fighting of recent days has left its mark on Lt. Meyer's Tiger. As well as the usually-removed first road wheel others are missing too.

39 At the Badayev base the ammunition supply teams bring shells for Tiger Nr.4. On this Tiger the dark spots were only painted on the hull sides, not on the front.

38 In voller Fahrt passiert der Tiger von Lt. Meyer auf der Verbindungsstraße Mischkino-Badajew eine Erdbunkerstellung. Die Zu- und Abluft wird über ein Ofenrohr zugeführt. Die Gefechte der vergangenen Tage haben am Tiger von Lt. Meyer ihre Spuren hinterlassen. Neben der meist fehlenden ersten Laufrolle fehlt hier auch die vierte Laufrolle am Tiger.

39 Im Stützpunkt Badajew wird Tiger Nr.4 von Mannschaften der Munitionsversorgung mit Granaten versorgt. Die markanten dunklen Flecken sind am Tiger Nr.4 nur an den Wannenseiten aufgemalt, auf der Frontfläche waren keine Flecken vorhanden.

40 The Tiger of Lt. Meyer, one of the replacements from the end of February, had only a white winter camouflage coat of paint and no markings. This Tiger, an early production model, was delivered with a standard stowage bin, a special mantlet with a wide thickened area and no S-mine launchers.

40 Der Tiger von Lt. Meyer, aus der Ersatzlieferung von Ende Februar, hatte nur einen weißen Winteranstrich und keinerlei Kennzeichnung erhalten. Der Tiger, eine frühe Ausführung, wurde mit einem Standard-Gepäckkasten, einer Walzenblende mit breiter Verstärkung und ohne die S-Minenwerfer (Nahverteidigungswaffen) ausgeliefert.

41 Also from the replacements received by 1./502 at the beginning of February, this Tiger Nr.4 is from early production. After the white winter camouflage was applied the patches were painted in dark grey or black. The brush marks in the paint are clearly seen. The wide stowage bin on the turret was left out of the winter painting because it was been welded on later by the workshop department with side supports on the rear wall.

41 Ebenfalls aus der Ersatzlieferung hat die 1./502 Anfang Februar diesen Tiger Nr.4 aus der frühen Ausführung erhalten. Nach Auftragen der weißen Wintertarnung wurden markante Flecken in dunkelgrauer oder schwarzer Farbe aufgemalt. Die Pinselstriche sind gut zu erkennen. Am Turm ist die breite Gepäckkiste vom Winteranstrich ausgespart. Die Gepäckkisten wurden von der Werkstatt nachträglich mittels Laschen an der Rückwand angeschweißt.

42 The 3rd replacement from the February delivery slipped into a bomb crater at the beginning of March. This Tiger with Nr.1 remained imprisoned for several weeks in the rainwater-filled crater before it could be recovered at the end of March/beginning of April.

42 Der dritte Ersatzpanzer aus der Februar-Lieferung ist Anfang März in einen Bombentrichter abgerutscht. Der Tiger Nr.1 verblieb für mehrere Wochen in dem mit Regenwasser angefüllten Trichter, bevor Ende März/Anfang April die Bergung gelang.

TOSSNO BASE
STÜTZPUNKT TOSSNO

43

44

43, 44 At the beginning of February 43 the unit received three replacement Tigers and at the end of the month a further four. These were immediately prepared for the winter campaign, camouflaged with white limewash and passed to 1./502. This Tiger is from February production without Feifel air cleaners. As was the usual case for all Tigers of 1./502 the outer road wheel of the front road wheel set is removed. The roadwheels were not painted with white limewash and still remain in the base color.

43, 44 Anfang Februar 43 erhielt die Abteilung drei Ersatz-Tiger zugewiesen, weitere vier folgten zum Monatsende. Diese wurden sofort für den Wintereinsatz hergerichtet, mit weißer Kalkfarbe getarnt und der 1./502 übergeben. Der abgebildete Tiger aus der Februar-Fertigung wurde ohne die Feifel-Filteranlage ausgeliefert. Wie bei allen Tigern der 1./502 üblich hatte man die äußere Laufradscheibe am ersten Laufrad entfernt. Die Laufräder wurden nicht mir weißer Kalkfarbe versehen und zeigten sich in der Basisfarbe.

45

46

45 The Tiger moves into a long wooden hall used as the workshop. The large stowage bin is missing from the turret so there is a gap in the white limewash.

46 The winter camouflage paint was sprayed on over all equipment items including the cables. The MG ballmount is obvious after its blanking cover has been removed because of the gap in the white paint, and similarly the outline of the tow cable becomes visible when the cable is removed.

45 Der Tiger wurde in eine Halle, einem langgezogenen Holzbau, die als Werkstatt genutzt wird, eingefahren. Am Turm fehlte die große Gepäckkiste, der Bereich wurde von weißer Kalkfarbe ausgespart.

46 Der Winteranstrich wurde über alle Ausrüstungsgegenstände, einschließlich der Seile, aufgespritzt. Nach Entfernen der Abdeckung blieb das Bug-MG von weißer Farbe ausgespart. Der Verlauf der Seile ist gut sichtbar.

Tossno – Spring 1943

From the middle of December 1942 until autumn 1943 the Tossno area was the main base of s.Pz.Abt. 502. This strategically favorable site had a rail hub with connections to the front near operational locations south of Lake Ladoga – Gory, Zingri, Mga, Sinyavino and Mishkino.

Tossno – Frühjahr 1943

Von Mitte Dezember 1942 bis in den Herbst 1943 wurde die Ortschaft Tossno zum Hauptstützpunkt der s.Pz.Abt. 502. Der strategisch günstige Ort hatte einen Gleisanschluss mit Verbindung zu den südlich am Ladogasee gelegenen frontnahen Einsatzorten Gory, Zingri, Mga, Sinjawino und Mischkino.

47

47 Tiger Nr.2, combining the hull of the former 111 and a turret from one of the replacements received in February, is an old veteran and shows the marks of combat. Above the drivers visor a 25 mm thick steel plate covers an impact hole. The brackets for the bar to carry spare track links on the front of the hull have been taken off, but the welding traces remain.

47 Tiger Nr.2, kombiniert aus der Wanne von ex 111 und einem Turm aus der Ersatzlieferung vom Februar, ist ein alter Veteran und von Kampfspuren gezeichnet. Über der Fahrerblende eine 25 mm starke Stahlplatte, die einen Einschuss abdeckt. Die am Bug angebrachten Halter für die Ersatzketten wurden wieder entfernt, die Schweißspuren blieben zurück.

48 The ground in front of the shelters at Tossno is very soft. Tiger Nr.2 sits almost up to its hull bottom in the soggy morass. The Tigers were only marked with the numbers 1 to 5 for a few weeks. Even within this period the numbers were changed, Tiger 2 becoming Tiger 5. After the arrival of additional replacements at the end of June two-digit numbering was adopted.

48 Tief aufgeweicht ist der Boden vor den Unterständen in Tossno. Tiger Nr.2 sitzt fast bis zum Wannenboden im aufgeweichten Morast. Nur für wenige Wochen waren die Tiger mit den Nummern 1 bis 5 versehen. Selbst in dieser kurzen Zeit wurden die Nummern getauscht, aus Tiger Nr.2 wurde Nr.5. Im Juni wurde nach Eintreffen weiterer Ersatzlieferungen auf eine zweistellige Nummer erweitert.

49 Tiger Nr.3, a replacement from the February deliveries, also struggles across the soaked ground at the Tossno base.

50 Tiger Nr.4 is another vehicle of the replacement deliveries in February 1943. A bar is welded across the hull front to carry spare track links, whose connecting pins stand out a long way from the links.

49 Auch Tiger Nr.3, ein Ersatz aus der Februar-Lieferung, müht sich durch den tiefaufgewühlten Boden im Stützpunkt Tossno.

50 Tiger Nr.4 ist auch ein Fahrzeug der Ersatzlieferung aus dem Februar 1943. An der Bugwanne ist die Halterung für Ersatzkettenglieder vorhanden. Die Kettenbolzen ragen weit aus Ihren Verbindungspunkten heraus.

51 Tiger Nr.2 was renumbered as Nr.5. On the turret are only the mounting brackets without the smoke candle dischargers. The hull was supplied by Tiger Nr.2 (formerly Nr.111) but again with a bar welded across the front of the hull to carry spare track links.

51 Tiger Nr.2 wurde in Nr.5 umgeziffert. Am Turm sind nur die Halterungen ohne die Nebelwurfbecher vorhanden. Die Wanne ist eindeutig von Tiger Nr.2 (Nr.111), hier wurde wieder eine Halterung für die Ersatzketten angeschweißt.

Tossno workshop – Spring 1943

The location of Tossno was ideal for the workshop unit. The existing rail connection enabled rapid arrival and departure for all kinds of vehicle. Solid buildings were intensively used by them and personnel were accommodated in adequate premises.

Tossno Werkstatt – Frühjahr 1943

Am Stützpunkt Tossno fand die Werkstattabteilung ideale Arbeitsbedingungen vor. Vorhandene Gleisanschlüsse erlaubten einen schnellen An- und Abtransport für Fahrzeuge aller Art. Feste Gebäude wurden durch die Werkstatt intensiv genutzt. Für die Unterbringung der Mannschaften standen ausreichend Räumlichkeiten zur Verfügung.

52 Beside the long wooden construction already mentioned are two Tigers waiting for the mechanics. The turret has been removed from the vehicle on the right, and it moves forward to the Strabokran. In front of the building a Tiger Nr.x is waiting with opened engine hatch.

53 The Strabokran, here the early 15t variant, was set up on the ground beside the large wooden hall. A Tiger and an 18t ZgKw are hiding in the background.

52 Neben dem bereits erwähnten langgezogenen Holzbau stehen zwei Tiger und warten auf die Mechaniker. Am Fahrzeug rechts ist der Turm entfernt, der Tiger fährt zum Strabokran vor. Vor dem Gebäude wartet ein Tiger Nr.x mit geöffneter Motorenklappe.

53 Der Strabokran, hier in der frühen 15t Variante, wurde auf dem Platz neben der großen Holzhalle errichtet. Im Hintergrund verstecken sich ein Tiger und eine 18t ZgKw.

54 Maintenance is carried out on the snorkel system of this tiger Nr.x. It is one of the first Tigers of the Abteilung with spare track holders on its turret sides, from the May replacement. The rear S-mine launcher was attached by the crew in their mountings facing forward. They cannot be used in this position!

55 The 88 mm KwK 36 L/56 of Tiger Nr.x is prepared is prepared for dismounting; the mantlet's front ring is already removed and a »special tool« hangs over the tube. The special tool will be bolted to the holes of the mantlet and then attached to the cable of a 6t crane. Then the trunnion brackets can be undone and, with the special tool hanging on the crane cable, the mantlet can be dismounted from the trunnion pins.

54 An diesem Tiger Nr.x werden Arbeiten an der Tauchanlage durchgeführt. Es ist einer der ersten Tiger der Abteilung mit Halteklammern für die Ersatzkettenglieder an der Turmseite, ein Ersatz aus der Mai-Zuweisung. Der hintere S-Minenwerfer wurde von der Besatzung auf dem Halter in Gegenrichtung montiert. In dieser Position ist er nicht verwendbar.

55 Am Tiger Nr.x wird die 88 mm KwK 36 L/56 zum Ausbau vorbereitet. Das Mantelrohr wurde bereits entfernt und über das Rohr ein »Sonderwerkzeug« gestülpt. Das Sonderwerkzeug wird mit den Mantelrohr-Bolzen befestigt und dann am Seil von einem 6t Kran gehalten. Jetzt können die Lagerschalen der Schildbolzen gelöst werden und mit dem Sonderwerkzeug am Kran das komplette Rohr mit der Walzenblende von den Schildbolzen gelöst werden.

COMPLETION OF THE ABTEILUNG
VOLLAUFSTELLUNG DER ABTEILUNG

Ploermel – May/June 1943

In March 1943 the Staff Company was ordered to Paderborn to complete setting up the Abteilung. 1./502 and the workshop staff remained on the Northern front deep in the Lake Ladoga area, and were subordinated to the 18. Army.

At the end of April the reconstituted 2./502, newly created 3./502 and the Staff company moved to Brittany near Ploermel. In the last week of May 1943 the Abteilung received 28 new Tigers there, and 3 command Tigers for the Staff company. After receipt of the new Tigers intensive instructional and combat training programs were started to familiarize the crews with their new vehicles.

Ploermel – Mai/Juni 1943

Im März 1943 wurde die Stabsabteilung zur vollständigen Aufstellung der Abteilung nach Paderborn zurückbefohlen. An der Nordfront verblieben die 1./502 und der Werkstattzug weiter im Gebiet südlich des Ladogasees. Sie waren der 18. Armee unterstellt.

Ende April verlegten die wiederaufgestellte 2./502, die neu aufgestellte 3./502 und die Stabsabteilung in die Bretagne nach Ploermel. Dort erhielt die Abteilung in den letzten Mai Woche 28 neue Tiger und drei Befehls-Tiger für die Stabsabteilung zugewiesen. Nach Erhalt der neuen Tiger begann ein intensives Training und Gefechtsausbildung, welches die Mannschaften mit den neuen Fahrzeugen vertraut machen sollte.

Condition report
Zustandsbericht

Abteilung		1./502	502	502	502	502	502	502
Unterstellungverhältnis		A.O.K.16	XXVI.A.K.	A.O.K.18		Gen.Kdo.I.A.K.		Gen.Kdo.VIII.A.K.
Meldung zum Stichtag		30.6.43	31.7.43	31.8.43	keine Meldung	31.10.43	keine Meldung	31.12.43
Gepanzerte Fahrzeuge		VI	VI	V	VI	VI	VI	VI
Soll (Zahlen)		14	45	45	45	45	45	45
einsatzbereit	zahlenmäßig	10	31	12		16		17
	in % des Solls		70%	27%		35%		37%
in kurzfristiger	zahlenmäßig	4	13	12		17		6
Instandsetzung	in % des Solls		30%	27%		35%		13%
		1)	2)			3)		

Excerpt of RH10-220 BAMA
1) 1. July 1./502 was reunited with the Abteilung.
2) 2. + 3./502 arrives in two transports at H.Gr.Nord.
3) The Abteilung was assigned to sereral ID. and participated up to 100 km of each other.

Auszug aus RH10-220 BAMA
1) Die 1./502 wird zum 1/7 wieder dem Verband der s.Pz.Abt.502 zugeführt.
2) Die 2 + 3./502 trifft in zwei Transporten bei der H.Gr.Nord ein.
3) Die Abteilung ist verschiedenen ID. unterstellt und räumlich z.T. bis zu 100 km voneinander getrennt eingesetzt.

56 A Tiger with a white 9 as transport number has arrived at the station and is taken over by its crew. The outer road wheels are in dark yellow with some in a darker paint. The new Tigers of the early variant were from April and May production and were delivered in plain dark yellow without camouflage patterns.

57 The training area of the Abteilung was in the grounds of the Chateau du Bois du Loup. Here a Tiger of 2./502 drives into the chateau grounds. Hauptmann Radtke, commander of 2./502, is standing in the driver's hatchway.

56 Ein Tiger, mit einer weißen 9 als Transportnummer versehen, ist im Bahnhof eingetroffen und wird von der Mannschaft übernommen. Die äußeren Laufrollen sind in dunkelgelber Farbe gestrichen. Sämtliche neuen Tiger der frühen Ausführung aus der Fertigung April und Mai waren in dunkelgelbem Anstrich ohne Tarnmuster ausgeliefert worden.

57 In der Umgebung von Chateau du Bois du Loup befand sich das Übungsgebiet der Abteilung. Hier fährt ein Tiger der 2./502 in den Schlosspark ein. In der Fahrerluke stehend Hauptmann Radtke der Chef der 2./502.

58 More Tigers of 2./502 have now arrived around the commander's tank. The front Tiger is commanded by Olt. Bölter. Most of the Abteilung's new Tigers were delivered with the final variant of the Feifel air cleaners. 2 or 3 spare track links are in brackets on the right side of each turret.

58 Um den Chefpanzer haben sich jetzt weitere Tiger der 2./502 eingefunden. Der vordere Tiger wird von Olt. Bölter befehligt. Die meisten der Abteilung zugeführten Tiger sind mit dem Feifel Luftfiltersystem (Abschlussausführung) ausgeliefert. Zwei oder drei Ersatzkettenglieder sind in die Halteklammern an der rechten Turmseite eingesetzt.

59 The Tiger of Olt. Bölter drives onto the training ground. Since delivery of the first vehicles the layout of the tool sets on the hull top was modified several times and completed. The arrangements of tools like the 6-part cleaning rod and the fire-extinguisher on the engine grille are very clearly visible. On the turret roof the loader's periscope is mounted for the first time.

59 Der Tiger von Olt. Bölter fährt in das Übungsgelände ein. Auf dem Deck der Wanne wurde seit Auslieferung der ersten Fahrzeuge die Anordnung der Werkzeuge mehrfach geändert und ergänzt. Die Anordnung der Werkzeuge, wie der 6-teiligen Reinigungsstange und der Feuerlöscher auf dem Motorgrill, sind sehr gut zu erkennen. Am Turm ist erstmals das Periskop für den Ladeschützen montiert.

60

61

60 A platoon of 2./502 takes notes, probably needed for the review meeting later. For instance the mudguard bolts needed protection from rust, easily dealt with by coating them with waste oil. This lubrication causes the dark edges around their heads.

61 The Tiger with Fgst.Nr.250191, a Command Tiger*, is used later in the Staff company. The chassis number (Fgst.Nr.) is written with white chalk on the hull front, beside it a little illegibly the date 10/4.

60 Ein Zug der 2./502 hat Aufstellung genommen, man wartet wohl auf die Abschlussbesprechung. Damit die Schrauben der Kettenschutzbleche nicht festrosten und sich leicht lösen lassen wurden diese mit Altöl bestrichen. Das Einölen verursacht den dunklen Rand um die Schraubenköpfe.

61 Der Tiger mit Fgst.Nr.250191, ein Befehlstiger*, wird später in der Stabskompanie verwendet. Die Fahrgestellnummer (Fgst.Nr.) ist mit weißer Kreide auf die Bugwanne geschrieben, davor etwas unleserlich das Datum 10/4.

* The retrofit into Command Tigers takes longer time. So, they were usually older than the ordinary Tigers when they were issued. That is why Fgst.Nr.250191 has no tracks on the turret and no loader's periscope.
* Der Umbau von einem Tiger in einen Befehlstiger beansprucht einen längeren Zeitraum. Bei der Zuweisung zu ihren Abteilungen waren die Befehlstiger meist aus älteren Fertigungslosen entnommen als die normalen Tiger. An Fgst.Nr.250191 fehlen hier die Ersatzkettenhalter und das Ladeschützen-Periskop am Turm.

62

62 A further Tiger of the Abteilung parked in a copse on the training ground near Ploermel. The deep scoring on the eyes of the tow shackles is interesting.

63 Even cleaning the KwK after gunnery practice is part of the basic Tiger training. The 6-part rod for tube cleaning is cumbersome in use and needs 4 men to hold it and pull it through the KwK.

62 Ein weiterer Tiger der Abteilung ist in einem Wäldchen auf dem Übungsgelände bei Ploermel abgestellt. Interessant sind die tiefen Riefen an den Zugaugen der Schäkel.

63 Auch das Reinigen der KwK gehört nach einem Übungsschießen zur Grundausbildung am Tiger. Die 6-teilige Stange für die Rohrreinigung ist unhandlich in der Bedienung. Sie bedarf vier Mann zum Halten und Durchziehen der KwK.

63

64 Feldwebel Weller gathered his crew in front of a Tiger for a photograph. In the second photo the crew is positioned in front of another Tiger. Neither tank was commanded by Feldwebel Weller in the 3rd battle of Lake Ladoga.

64 Fw. Weller ist mit seiner Mannschaft vor einem Tiger zur Fotoaufnahme angetreten. In diesem zweiten Foto nahm die Mannschaft vor einem anderen Tiger Aufstellung. Es handelt sich bei beiden Panzern nicht um den von Fw. Weller befehligten Tiger in der dritten Schlacht am Ladogasee.

65 At the end of June training was completed as far as possible. The Tigers received their identification signs, turret numbers, and the Abteilung's »Mammoth« insignia. High-ranking visitors arrived. The officers' questions were answered and an explanation of the vehicle given by the crews around Hptm. Oehme, at Tiger Nr.301, Fgst.250241. On the left in this image the final variant of the Feifel air cleaners can be seen on Tiger Nr.314. The 2nd type of Feifel filter had only 78% capacity of the first type.

65 Ende Juni wurde das Training weitestgehend beendet. Die Tiger haben ihre Kennzeichen, Nummerierung und Abteilungszeichen, »das Mammut«, erhalten. Hochrangiger Besuch ist eingetroffen. Einen Einblick in die Technik des Fahrzeuges und die Fragen der Offiziere beantworten die Besatzungen um Hptm. Oehme an dessen Tiger Nr.301, Fgst.250241. Links im Bild ist die Abschlussausführung der Feifel-Anlage zu sehen, diese gehört zu Tiger Nr.314. Die Abschlussausführung der Feifel-Anlage hatte ein geringeres Durchgangsvolumen (78%) gegenüber der Erstausführung.

SPRING TO SUMMER 1943
FRÜHJAHR BIS SOMMER 1943

1./502 – Zingri Base

At the end of February 1./502 received further replacements. These allowed it to have 9 tanks combat ready. A major Russian attack toward Ssablino was successfully repelled in March, but 2 bogged-down Tigers were lost.

A Second Lake Ladoga battle lasted from early April to the end of the month. The Russian army succeeded in opening a narrow passage north of Sinyavino to fight along Lake Ladoga and link up with the besieged city of Leningrad.

In April and May there were smaller engagements with Russian tank spearheads, without further Tiger losses. 6 new Tigers were handed over to the 1./502 unit at the beginning of June, so it now had 14 available tanks and could be reorganized into 3 platoons.

At the beginning of July 1./502 was reunited with the Abteilung, which was now completed by the arrivals of 2 and 3./502.

1./502 – Stützpunkt Zingri

Ende Februar erhielt die 1./502 weitere Ersatzpanzer zugeteilt. Damit waren bei der 1./502 wieder neun Panzer im Einsatz. Ein weiterer russischer Großangriff, mit Ziel auf Ssablino, wurde im März erfolgreich abgewehrt. Dabei gingen zwei festgefahrene Tiger verloren.

Die Zweite Ladoga-Schlacht ging Anfang April zu Ende. Es gelang der russischen Armee einen schmalen Korridor nördlich von Sinjawino, am Ladogasee entlang, freizukämpfen und eine Verbindung mit den Eingeschlossenen im belagerten Leningrad zu öffnen.

Im April und Mai wurden kleinere Gefechte mit russischen Panzerspitzen geführt ohne dass weitere Tiger verloren gingen. Sechs neue Tiger wurden der 1./502 Anfang Juni übergeben. Mit jetzt 14 verfügbaren Panzern konnten drei Züge aufgestellt werden.

Anfang Juli wird die 1./502 wieder der Abteilung unterstellt und ist mit dem Zulauf der 2. + 3./502 nun vollständig.

66

66 The crew has covered Nr.12 with boards and leafy fir branches against aerial reconnaissance. Standing on the roof is Olt. Diehls.

67 Tiger Nr.12 is hidden beside a farmhouse. In June the old number markings of 1./502 were replaced by large white numbers. The conspicuous digits were hatched in black.

66 Die Besatzung hat den Tiger Nr.12 mit Brettern und Tannengrün gegen Luftaufklärung bedeckt. Auf dem Dach stehend Olt. Diehls.

67 Der Tiger Nr.12 steht im Schutz eines Bauernhauses. Im Juni wurden die bisherigen Nummerierungen der 1./502 durch große weiße Zahlen ersetzt. Die auffällig großen Nummern wurden mit schwarzen Strichen schraffiert.

68 The Tiger former Nr.3, one the replacements at the beginning of February, became Nr.14. This Tigers does not have S-mine launchers on its hull top nor the brackets for the spar track on the turret.

68 Aus dem vormaligen Tiger Nr. 3, ein Tiger der Ersatzlieferung von Anfang Februar, wurde die Nr.14. Diese Tiger hatten keine S-Minenwerfer auf dem Wannendach und auch keine Halter für die Ersatzkettenglieder am Turm.

1./502 – 3rd battle of Ladoga – Summer 1943   1./502 – Dritte Ladoga-Schlacht – Sommer 1943

69 Tiger Nr.21 is used to carry ammunition to artillery positions in the combat zone. At least 12 artillery shells of 15 cm caliber are on the engine deck, and boxes of fuzes are stowed on top of the shells. Is the crew aware of the risk? If a shot hits one of the shells the Tiger will be lost.

69 Zur Versorgung einer im Kampfgebiet liegenden Artilleriestellung wird der Tiger Nr.21 als Munitionstransporter benutzt. Mindestens 12 Schuss Artilleriemunition vom Kaliber 15 cm sind auf dem Motorraum abgelegt. Zünder sind in separaten Kisten verpackt und auf den Granatkästen verstaut. Ist sich die Besatzung der Gefahr bewusst? Ein Schuss auf eine der Granaten und der Tiger ist verloren.

70 Tiger Nr.21 has bogged down in the soft ground and is stuck. It can only be salvaged by releasing both tracks and using heavy tractors. A PK cameraman, in his hand an Arriflex 35 movie camera, takes a short break in the protection of the Tiger's hull.

70 Im weichen Boden hat sich der Tiger Nr.21 festgefahren. Nur durch Lösen beider Gleisketten und mit Hilfe von schweren Zugmaschinen kann der Panzer geborgen werden. Ein PK-Kameramann, der eine Arriflex 35 Filmkamera trägt, macht im Schutz der Tigerwanne eine kurze Pause.

1./502 – Tossno base – Summer 1943
1./502 – Stützpunkt Tossno – Sommer 1943

71 Tiger Nr.32 has been loaded onto an SSmys flatcar and is ready to depart. On the mostly single-track railway lines in the operational area south of Lake Ladoga it was unnecessary to make the time-consuming change to transport tracks.

72 Tiger Nr.33 is next to PzKpfw III Nr.06 in the garage at the Tossno base. The hull MG's waterproof cap for deep wading has been fastened over the ball mount with long wing bolts.

71 Tiger Nr.32 wurde auf einem Plattformwagen Typ SSmys verladen und wartet auf den Abtransport. Auf den meist einspurigen Gleisstrecken im Einsatzgebiet südlich des Ladogasees konnte man bei den kurzen Strecken auf das zeitraubenden Auflegen der Verladekette verzichten.

72 Tiger Nr.33 steht zusammen mit Nr.06, einem PzKpfw III, in der Garage in Stützpunkt »Tossno«. Über das Bug-MG wurde die Tauchschutzkappe gestülpt und mit langen Flügelschrauben befestigt.

3RD BATTLE OF LAKE LADOGA – SUMMER 1943
DRITTE LADOGA-SCHLACHT – SOMMER 1943

Marshalling area

On 26.6.1943 the 3./502 started loading its tanks at Ploermel. 3./502 was distributed among separate trains and arrived several days later at the beginning of July at Voyskovitsy station near Krasnogwardeisk*, in the area of H.Gr. Nord (Army Group North) on the Leningrad front. From there it moved to Ssologubovka-Kirsino. In anticipation of a major Russian attack the Abteilung was moved on 21.7.1943 to the marshalling area near the rail junction at Rabotschij Posselok 6.

Russian artillery opened the 3rd battle of Lake Ladoga with a heavy barrage in the morning of 22.7.1943.

Im Bereitstellungsraum

Am 26.6.1943 wird in Ploermel mit dem Verladen der Panzer begonnen. Die 3./502 wurde auf verschiedene Transporte verteilt und nach mehreren Tagen Bahnfahrt erreichte man Anfang Juli den Bahnhof von Woiskowizy bei Krassnogwardejsk* im Einsatzgebiet der H.Gr. Nord bei Leningrad. Von dort aus wurde nach Ssologubowka-Kirsino weiter verlegt. In Erwartung eines russischen Großangriffes wurde die Abteilung am 21.7.1943 in den Bereitstellungsraum am Gleisdreieck Rabotschij Posselok 6 verlegt.

Mit einem gewaltigen Trommelfeuer eröffnete die russische Artillerie am Morgen des 22.7.1943 die Dritte Ladoga-Schlacht.

* renamed as Gatchina (1944)

* umbenannt in Gattchina (1944)

73 The short period between its arrival at the beginning of July 43 and its first mission was used by 3./502 for exploratory trips and familiarizing the crews with the future battlefield. Here Tiger Nr.321 goes straight through a small brook in the Kirsino area. At this time the Tigers of 3./502 had not been camouflage-painted, this was done weeks later in different designs on each of the tanks.

73 Die kurze Zeit nach der Ankunft Anfang Juli 43 bis zum ersten Einsatz nutze die 3./502 für Erkundungsfahrten und Einweisung der Besatzungen im zukünftigen Einsatzgebiet. Hier durchfährt Tiger Nr.321 einen kleinen Bach in der Umgebung von Kirsino. Die Tiger der 3./502 hatten zu diesem Zeitpunkt noch keine Tarnung erhalten. Diese wurde erst Wochen später in unterschiedlichster Ausführung auf die Panzer aufgetragen.

74

75

76

77

74 Tiger Nr.322 on a road trip is equipped with Feifel air cleaners of the final type. Five brackets were attached to the turret's left side to hold spare track links, and two to its right.

75 The Feifel air cleaners are missing from Tiger Nr.323. The number 323 on the stowage bin seems pale with the light at this angle, but it was painted in black.

76 The Fgst.Nr. 250179 is painted in large digits between the bow MG and the driver's vision port. Normally the chassis numbers (Fgst.Nr.) were substantially smaller, seen from the front at right on either the front bow plate or the top of the glacis plate. This Tiger from March/April production did not have spare track brackets on the turret left and right sides. The crew of Tiger Nr.324 is enjoying the last calm summer days before the impending missions.

77 The photographer took these pictures of Tigers driving past from a roadside ditch. Tiger Nr.331 is from May production and was delivered with Feifel air cleaners. Two holders were now fixed to the right turret side for spare track links.

78, 79 On 22nd July, 12 Tigers of 3./502 on their way to the front line could not continue the mission because of technical defects or after hits on the first combat day. One of the tank crew members killed on the first combat day was Hauptmann Oehme, commander of 3./502. Feldwebel Weller had more luck. He was seriously injured by a dislodged bolt head when his cupola* was hit, but survived. After recovering FW Weller returned to action in the summer of 44 and took over a Tiger of 3./510. It's Tiger, Fgst.Nr. 250254, showing further hits on the nose and the mantlet (unreinforced).

74 Der Tiger Nr.322, unterwegs im Einsatzgebiet, ist mit einer Feifel-Anlage in der Abschlußausführung ausgerüstet. Am Turm sind links Ersatzkettenglieder in fünf Halterungen und rechts in zwei Halterungen eingesetzt.

75 Am Tiger Nr.323 wiederum fehlt die Feifel-Anlage. Die Nummer 323 auf dem Gepäckkasten erscheint im Gegenlicht heller; sie wurde aber in schwarz ausgeführt.

76 Zwischen Bug-MG und Fahrerblende ist an der Frontplatte in großen Ziffern die Fgst.Nr. 250179 aufgemalt. Normalerweise wurden die Fahrgestellnummern wesentlich kleiner, in Fahrtrichtung rechts an der Bugplatte oder auf dem Bug rechts vorne, aufgemalt. Dieser Tiger, aus der März/April-Fertigung, hatte keine Halteklammern für die Ersatzketten am Turm montiert. Noch geniesst die Besatzung von Tiger Nr.324 die letzten ruhigen Sommertage vor den anstehenden Einsätzen.

77 Ein Fotograf hat aus dem Straßengraben heraus diese Aufnahme eines vorbeifahrenden Tigers erstellt. Der Tiger Nr.331 aus der Mai-Fertigung wurde mit einer Feifel-Anlage ausgeliefert. Am Turm sind jetzt nur noch zwei Halteklammern angeschweißt und mit Ersatzkettengliedern belegt.

78, 79 Am 22. Juli 1943 fielen 12 Tiger der 3./502 auf dem Weg zur HKL wegen technischer Defekte oder durch Beschuss am ersten Einsatztag aus. Sie konnten den Einsatz nicht weiter fortsetzen. Zu den gefallenen Panzersoldaten am ersten Kampftag gehörte auch der Kommandeur der 3./502 Hptm. Oehme. Mehr Glück hatte Feldwebel Weller. Verwundet durch einen Bolzenkopf der abgerissenen Kuppel* überlebte er schwer verletzt. Nach Genesung kehrte Fw. Weller im Sommer 1944 zur Truppe zurück und übernahm einen Tiger der 3./510. An seinem Tiger, Fgst.Nr. 250254, sind weitere Treffer am Bug und der Walzenblende (ohne Verstärkung) zu erkennen.

---

* The cupola was a weak point of the Tiger, sitting in a shallow ring and held in place by ten bolts whose heads were exposed on the underside of the roof.

Ein Schwachpunkt am Tiger war die Kuppel. Diese saß auf einem Montagering und war an der Turminnenseite mit zehn Bolzen befestigt.

78

Sinyavino hills – a »village of bunkers«
Sinjawino-Höhen – »Bunkerdorf«

80 Tiger Nr. 324 supported the 11th and 23rd ID in the combat area around the Sinyavino hills. The infantry had dug in and created a strongpoint bristling with weapons. Who is to operate all these weapons and hand grenades? In this MG position is an MG42 on a bipod with plenty of ammunition boxes around it, surrounded by a Mauser K98k rifle and more than a dozen stick- and egg-grenades, and the rifleman has dug himself deep into the sandy ground ready to defend the position in all directions. The Third Battle of Lake Ladoga ranks as one of the hardest-fought and costliest (in heavy losses) battles of the Second World War

80 Im Kampfgebiet um die Sinjawino-Höhen unterstützt der Tiger Nr.324 die 11. und 23.ID. Die Infanterie hatte sich eingegraben und ihren Standort in einer von Waffen starrenden Stellung ausgebaut. Wer soll all diese Waffen und Handgranaten bedienen? In der MG-Stellung, ein MG42 auf Zweibein mit ausreichend Munition, einem Karabiner 98k und mehr als einem Dutzend Stiel- und Eierhandgranaten umgeben, hat sich der Schütze tief in den sandigen Boden eingegraben. Es wird nach allen Seiten verteidigt um die Stellung zu sichern. Die Dritte Ladoga-Schlacht gehört mit zu den am härtesten geführten und verlustreichsten Schlachten im Zweiten Weltkrieg.

Arrival of 2./502

On 22nd/23rd July The last part of the Abteilung, 2./502, reached the front line on the Sinyavino hills south of Lake Ladoga. It was originally intended to be unloaded in Mga, but because of artillery fire was diverted to Zingri to unload. 2./502 used small combat teams to support the 11. and 23.ID near the Moyka River.

Ankunft der 2./502

Am 22./23.7.1943 erreicht als letzter Kampfverband der Abteilung die 2./502 den Einsatzraum um die südlich am Ladogasee liegenden Sinjawino-Höhen. Ursprünglich wollte man in Mga entladen, jedoch wurden die Transporte wegen Artilleriebeschusses nach Zingri umgeleitet und dort entladen. Die 2./502 unterstützte in kleineren Kampfgruppen die ebenfalls in der Umgebung am Moika-Bach eingesetzte 11. und 23.ID.

81

81 31.7.1943 – »the attack rolls on with Tiger support«. This handwritten note was found on the back of the photo. In an area torn by artillery fire with its salient skeletal trees Tiger Nr.232 enters action at the »bunker village«.

81 31.7.1943 – »mit Tiger-Unterstützung rollt der Angriff«. Zu finden ist dieser Vermerk auf der Bildrückseite. In einem von Artillerieeinschlägen zerfurchten Gelände mit seinen markanten Baumskeletten wird der Tiger Nr. 232 am »Bunkerdorf« zum Einsatz gebracht.

82 2.8.1943 – a tank duel in the fight for the »village of bunkers« along the road. Tiger Nr.232 fires from behind a shot-up T-26 at Russian positions and bunkers in the Sinyavino hills, and another Tiger follows in the distance.

VRU

83

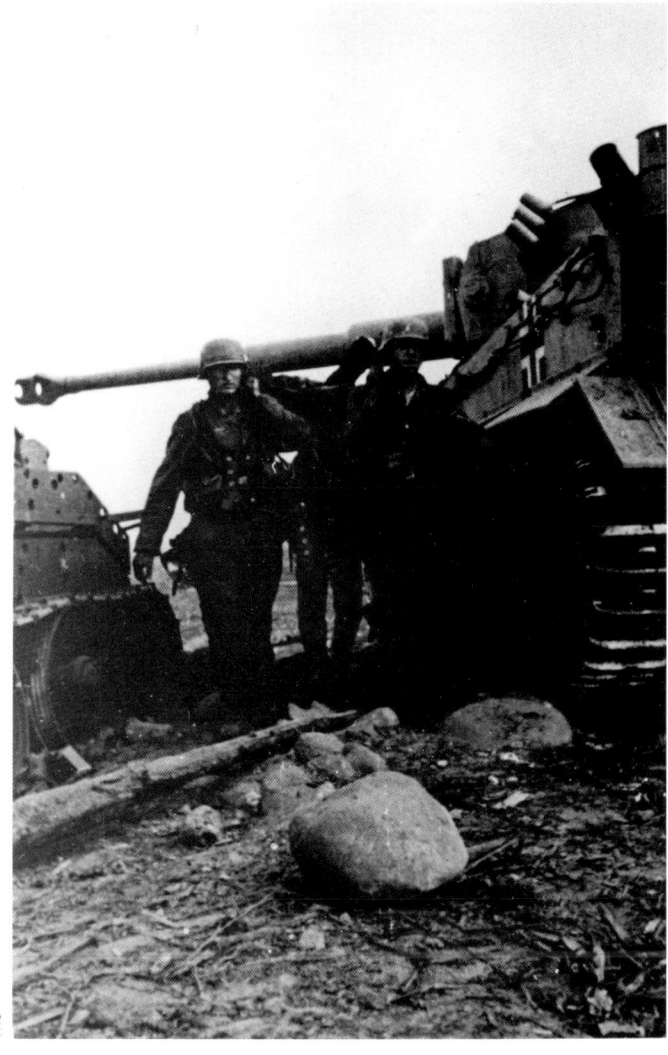

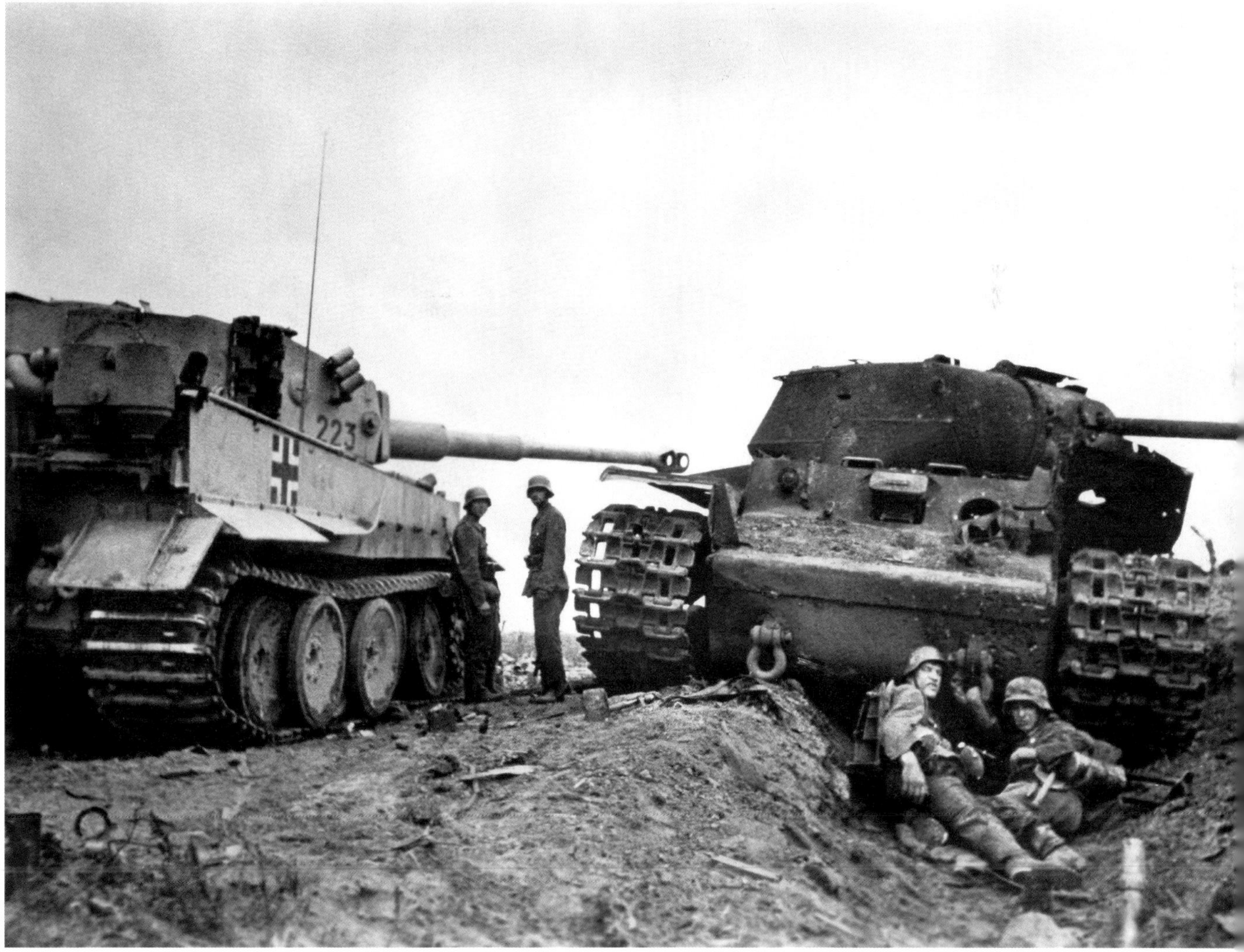

Ullsteinbild 54836

84

83 2.8.1943 during a pause in the combat medics recovers a wounded GR.44 infantryman of the 11.ID and under the shelter of a Tiger carry him back from the combat area to a casualty collecting point.

84 Tiger No. 223 is stopped by suspension damage; the front road wheel is bent inward. 2./502 painted the Balkenkreuz in a square black surround on the hull side, and its numbers were only painted on the turret sides and the stowage bin. A grenade-launcher troop shelters in the cover of a shot-up KV-1 tank.

83 2.8.1943 – in einer Kampfpause bergen Sanitäter verwundete Grenadiere des GR.44 der 11.ID und bringen sie im Schutz der Panzer aus dem Kampfraum zur rückwärtigen Verwundeten-Sammelstelle.

84 Der Tiger Nr. 223 liegt mit einem Laufwerksschaden fest. Das vordere Laufrad ist nach innen gebogen. Die 2./502 hatten die Balkenkreuze an der Wannenseite mit einem schwarzen Quadrat eingefasst. Kennnummern sind nur am Turm und an der Gepäckrückwand aufgemalt. Ein Granatwerfertrupp hat sich hinter einem abgeschossenen KW-1 Panzer in Deckung begeben.

North of Mga – August 1943

At the end of July the number of serviceable Tigers of the Abteilung was reduced to 18 tanks.

The maintenance workshops worked around the clock to keep the Tigers operational. The Tigers were split into small combat teams supporting GR220 of the 58.ID in defensive positions to halt the Russian attacks at the rail junction near Mga. By the end of August the number of serviceable Tigers was reduced to 11, and at this moment only 6 Tigers were combat-ready.

Nördlich von Mga – August 1943

Ende Juli verfügte die Abteilung nur mehr über 18 einsatzfähige Tiger. In der Instandsetzungsabteilung arbeitete man rund um die Uhr, um die Tiger einsatzbereit zu halten.

In kleine Kampfgruppen aufgeteilt unterstützen die Tiger die Grenadiere das GR220 der 58.ID bei der Abwehr russischer Angriffe auf das Gleisdreieck bei Mga. Bis Ende August reduziert sich die Zahl der einsatzfähigen Tiger auf elf, zwischenzeitlichen waren nur noch sechs Tiger für einen Einsatz verfügbar.

85 Tiger Nr.312 drives into the re-arming point, already expected by the resupply men. Only minor battle scars are seen on the Tiger but there are some bullet holes in the roadwheels and a fired smoke pot. Is that dirt or a laughing face (Smiley) on its hull side?

85 Tiger Nr.312 fährt zum Munitionsaufnahme heran. Dort wird der Panzer bereits von den Nachschubeinheiten erwartet. Nur unwesentliche Kampfspuren, einige Einschüsse in den Laufrädern und ein verschossener Nebeltopf sind am Tiger zu erkennen. Nur eine Verschmutzung oder doch ein lachendes Gesicht (Smily) an der Seitenwand?

86 In the protection of the firs are boxes of ammunition ready to be loaded. Tiger Nr.312 has the FgSt.Nr.250255. This tank is another one whose mantlet has no reinforcement around the binocular sight's openings.

86 Im Schutz der Tannen wartet der Nachschub, Kisten von Munition stehen zur Übernahme bereit. Der Tiger Nr.312 hat die FgSt.Nr.250255. Auch an diesem Panzer ist der Turm mit einer Walzenblende ohne Verstärkung um das Binokular-Zielfernrohr ausgerüstet.

87 The black Nr.312 on the stowage bin has been painted over with another color – perhaps red? – with poor adhesion showing areas of darker paint.

87 Die Munition ist aufgenommen und schon geht es wieder in voller Fahrt Richtung HKL davon. An der Gepäckwand ist die schwarze Nr.312 mit einer anderen Farbe, möglicherweise in roter Farbe, übermalt. Diese scheint aber schlecht gehaftet zu haben. Sie zeigt Bereiche in einer dunkleren Farbe.

88 The next customer is already waiting. It is a Tiger of 1./502 with the white Nr.34 on its camouflage that has returned from the battle area for re-ammunitioning.

88 Der nächste Kunde wartet bereits. Es ist ein Tiger der 1./502, mit der weißen Nr.34 auf einer Flecktarnung, der zur Munitionsaufnahme aus dem Kampfgebiet zurückkommt.

89 A lull in the fighting – a Tiger of 1./502 has stopped in a small wood beside the tracks of a narrow-gauge railway. Narrow-gauge railways were used to deliver necessary supplies – ammunition and food – to the front troops.

89 Gefechtspause – in einem kleinen Wäldchen hat ein Tiger der 1./502 neben den Gleisen einer Schmalspurbahn angehalten. Über die Schmalspurbahnen wurden die vorne liegenden Truppenteile mit dem notwendigen Nachschub – Munition und Verpflegung – versorgt.

The end of the battle

The 3rd Ladoga battle ended without the Russian offensive's target of breaking the siege ring around Leningrad being achieved. Thousands of soldiers of both sides were killed, wounded, or remain missing. The dead were buried locally and later transferred after the war to other burial places, still maintained by the Volksbund Deutsche Kriegsgräberfürsorge e. V. until today.

Das Ende der Schlacht

Die Dritte Ladoga-Schlacht ging zu Ende ohne dass das Ziel der russischen Offensive, den Belagerungsring um Leningrad aufzubrechen, erreicht wurde. Tausende Soldaten beider Seiten wurden verwundet, getötet oder blieben vermisst. Auf zahlreichen Soldatenfriedhöfen wurden die Toten begraben und nach dem Krieg in andere Grabstätten umgebettet und werden durch den Volksbund Deutsche Kriegsgräberfürsorge e. V. bis heute gepflegt.

90 Tiger Nr.301 of 3./502 pays final honours to the fallen in a drive-past. This is one of the numerous military cemeteries of H.Gr.Nord in the area around Leningrad.

90 Auf der Vorbeifahrt erweist der Kommandant des Tiger Nr.301 der 3./502 den Gefallenen die letzte Ehre. Es ist einer der zahlreich errichteten Soldatenfriedhöfe der H.Gr.Nord in der Umgebung von Leningrad.

After the Third Ladoga battle

The 3rd Lake Ladoga battle lasted until the end of September. The operational target of the soviet army, to occupy the strategically important rail junction at Mga and capture the northern Sinyavino hills, had failed. After early September the intensity of fighting had subsided, so the Abteilung's companies could gradually be withdrawn from the combat zone and taken back for maintenance and repairs near Tossno, Tschernovo and Gatchina.

Nach der Dritten Ladoga-Schlacht

Die Dritte Ladoga-Schlacht dauerte bis Ende September. Das operative Ziel der sowjetischen Armee, den strategisch wichtigen Eisenbahnknoten Mga und die nördlich gelegenen Sinjawino-Höhen einzunehmen, war gescheitert. Seit Anfang September ließen die Kämpfe an Intensität nach. So konnten die Kompanien der Abteilungen Zug um Zug aus den Kampfgebieten herausgelöst und zur Wartung und Instandsetzung nach Tossno, Tschernowo und Gattschina zurückgenommen werden.

91 It's a foggy day – Tiger Nr.212 is parked at the station near Tschernovo. The vehicle, an early variant, is mainly intact and shows no serious damage, only some minor hits.

91 Es ist ein nebeliger Tag – Tiger Nr.212 wurde neben der Bahnlinie bei Tschernowo abgestellt. Das Fahrzeug, eine frühe Ausführung, ist weitestgehend intakt und zeigt außer einiger kleinerer Beschussschäden keine weiteren Beschädigungen.

92 Tiger Nr.214 has lost its left combat track. The Tiger shows no significant damage on its left side, only the three missing smoke candle dischargers and damaged or missing side mudguard. The mud on the hull front leads to the assumption that the Tiger must have spent a long time stuck in a water-filled hole before it could be pulled out, and is now waiting for the recovery vehicles to take it to the workshop.

92 Der Tiger Nr.214 hat seine linke Einsatzkette verloren. Er zeigt kaum Beschädigungen, nur links fehlen die drei Nebelwurfbecher. Die seitlichen Kettenabdeckbleche sind verbogen oder fehlen. Die Verschmutzungen auf dem Bug lassen die Annahme zu, dass der Tiger über längere Zeit in einem Wasserloch gestanden haben muss, bevor man den Panzer herausziehen konnte. Jetzt wartet man auf den Bergezug, der das Fahrzeug zur Instandsetzung bringen soll.

Excerpt from D659/4

Towing beam (skid) manufactured from beech wood or hardwood

Auszug aus D659/4

Abschleppbalken (Kufe) gefertigt aus Buchenholz oder Hartholz

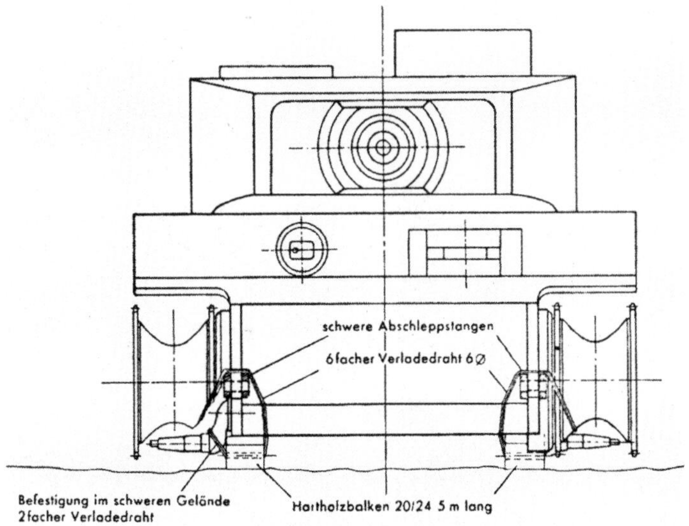

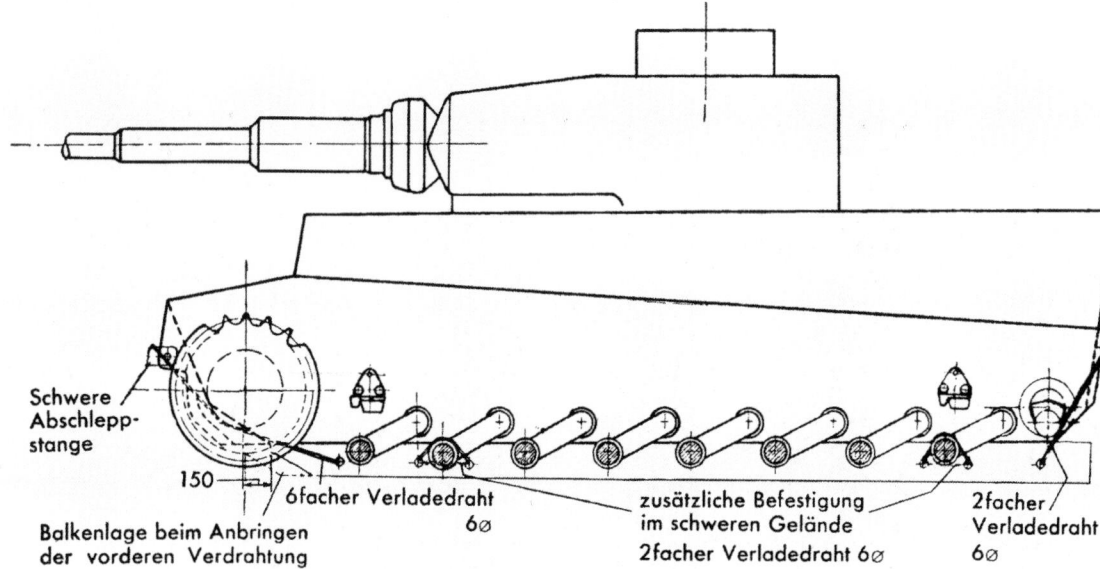

Bild 67 Nicht rollfähiger Pz Kpfw Tiger auf Balken

D659/4 - Bild 67

93

Bild 68 Befestigung der Abschleppbalken am Pz Kfw Tiger

D659/4 - Bild 68

94

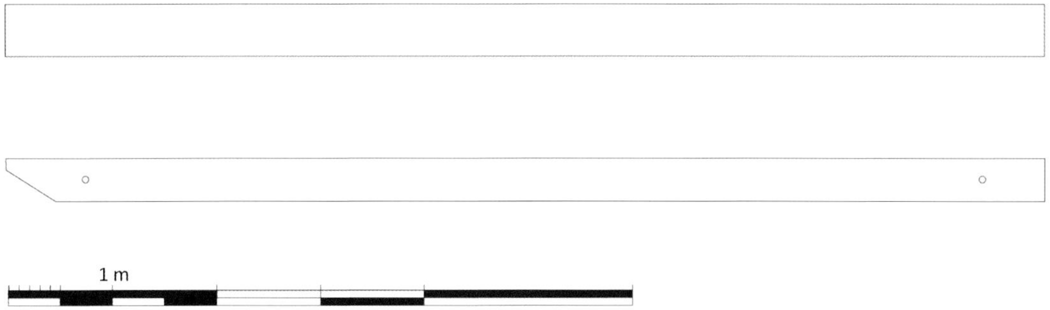

Scale / Maßstab 1:35

95 Five 18t heavy Zgkw. are needed on the sandy ground to tow Tiger Nr.321 of 3./502 back to the workshop. The one-sided load on the road wheels may well cause extra damage to torsion bars or the suspension arms. Army Directive D659/4 »recovery of tanks« recommends that a skid made from hardwood should be used when towing immobile tanks with Zkgw.

95 Fünf schwere Zgkw.18t sind nötig um den Tiger Nr.321 der 3./502 auf sandigem Boden zur Werkstatt zu schleppen. Durch die einseitige Belastung der Laufrollen kann es durchaus zu späteren Folgeschäden an den Torsionstäben und Schwingarmen kommen. Für das Abschleppen nicht rollfähiger Pz Kpfw mit Zgkw sieht die Dienstvorschrift D659/4 »Bergen von Panzerkampfwagen« in solchen Fällen einen Abschleppbalken (Kufe) aus Hartholz vor.

96

97

96, 97 The special Sdkfz 100 with its 3t crane was not available to remove the sprocket wheel to get access to the reduction gear. So three treetrunks were lashed together as a tripod and a pulley block hung on it. The work is now finished and the tripod is being removed.

96, 97 Für einen Zugang zum Vorgelege muss man das Antriebsrad entfernen. Ein 3t Kran auf Sdkfz 100 war nicht verfügbar. So wurden drei Baumstangen mit Stricken zu einem Dreibein zusammengebunden und ein Flaschenzug daran eingehängt. Die Arbeiten sind mittlerweile abgeschlossen und das Dreibein wird gerade entfernt.

98

99

98, 99 Engine maintenance is under way on Tiger Nr.314. Four mechanics are needed to open the heavy engine hatch. For this the turret has to be turned to the 2 o'clock position. Only then can the engine hatch pass the stowage bin and the brackets with the spare track links. Regular cleaning of the 8.8 cm KwK L 56 was a requirement for good gunnery performance. The cleaning rod was a six-piece tube with a brush on its end. After soaking the brush with gun oil the rod was inserted into the tube and pulled through it several times.

98, 99 Am Tiger Nr.314 steht eine Motorwartung an. Mit vier Mann wird die schwere Motorraumabdeckung geöffnet. Hierfür musste der Turm in eine 2 Uhr-Stellung gedreht werden. Erst dann konnte die Motorklappe zwischen der Gepäckkiste und den Haltern mit den Ersatzketten vorbeigeführt werden. Eine regelmäßige Reinigung der 8,8 cm KwK L/56 war Voraussetzung für gute Schuss- und Trefferleistungen der Kanone. Die Reinigungsstange war ein aus sechs Teilen zusammengesetztes Rohr mit Bürstenkopf. Nach dem Tränken mit Waffenöl wurde die Stange in das Rohr eingeführt und mehrmals durchgezogen.

Test drive with Tiger 311

The Organization Todt (OT), construction engineer units, and railway engineers were permanently at work on the damaged roads and rail tracks in the occupied area of the Leningrad front. Only with a good infrastructure could units get the necessary supplies or troops moved quickly to other sections of the front.

Übungsfahrt mit Tiger 311

Die Organisation Todt (OT), Baupioniereinheiten und Eisenbahnpioniere waren ständig im Einsatz, beschädigte Straßen und Schienenanlagen in den besetzen Gebieten an der Leningradfront instand zu halten. Nur mit einer ausgebauten Infrastruktur konnte man die Truppenverbände mit den notwendigen Versorgungsgütern beliefern und die Truppe schnell an andere Frontabschnitte verlegen.

100 Tiger Nr.311 passes a road-building site in 502's area, followed by a motorcycle and a commander's car. The left half of the rear wall of the stowage bin is very battered.

100 Tiger Nr.311 passiert eine Straßenbaustelle im Bereich der Abteilung 502, gefolgt von einem Motorrad und einem Kommandeurswagen. Am Tiger ist die linke Hälfte der Rückwand der Gepäckkiste stark verbeult.

101, 102 The area south of Lake Ladoga was riddled with smaller brooks. Fording them with tanks, like the 56t Tiger, was risky for the crews because of unknown water levels and unreinforced banks that could collapse.

101, 102 Das Gebiet südlich des Ladogasees war durchzogen von kleineren Bächen. Das Durchfahren solcher Furten mit Panzern, wie den 56t schweren Tigern, war für die Besatzungen immer mit Risiken verbunden. Ungeklärte Wasserstände und nicht ausreichend gefestigte Uferböschungen konnten schnell zu Ausfällen führen.

103 A detailed rear hull view of Tiger Nr.311, with at its left the tool box and on the right the 15t jack, over it a spare track link fastened with wire. The side and rear mudguards and the exhaust heat shields show noticeable traces of the recent fighting.

103 Eine detaillierte Heckansicht von Tiger Nr.311, links der Werkzeugkasten und rechts die 15t Stockwinde, darüber liegt ein mit Draht befestigtes Ersatzkettenglied auf. Die seitlichen Abdeckbleche, Kettenbleche und Schutzbleche um den Auspuff zeugen deutliche Spuren der vergangenen Kampfhandlungen.

104 Driving past – the Tiger was camouflaged with various patches of green and brown. On its side wall a large Balkenkreuz is painted, and in front of it the Nr.311 which is repeated on the turret below the smoke candle discharger bracket.

104 Vorbeifahrt – der Tiger wurde mit verschieden Flecken in grüner und brauner Farbe getarnt. An der Seitenwand ist das große Balkenkreuz aufgemalt, davor die Nr.311, die sich ebenfalls am Turm unterhalb der Nebelwurfbecherhalterung wiederholt.

105 The roads and tracks in the combat area were usually sandy, and very dusty in the dry summer.
Most of the Tigers of 2. and 3./502 normally had Feifel air cleaners mounted at their rears, but here they are missing, maybe deliberately dismounted.

105 Die Straßen und Wege im Einsatzgebiet waren meist sandig und im trockenen Sommer sehr staubig.
Am Heck waren normalerweise bei den meisten Tiger der 2. und 3./502 eine Feifel-Luftfilteranlage montiert. Hier fehlt die Anlage oder wurde demontiert.

106 Front view of Tiger Nr.311, Fgst.Nr.250xxx. The muzzle brake of the cannon, and the turret and hull MGs, are fitted with protective covers. The Bosch headlight could be torn off when the turret turned with the gun depressed so on some vehicles they were removed like here. Starting with the mid-production model the Bosch headlight was mounted on a bracket at the center of the front plate. Hanging on the left towing eye is a forged shackle, formed from flat stock and square profiles; later only shackles made from round material were used.

106 Vorderansicht von Tiger Nr.311, Fgst.Nr.250xxx. Die Mündungsbremse der Kanone und die MG's an Turm und Front wurden mit Schutzhauben abgedeckt. Beim Turmschwenken mit abgesenkter Kanone konnte es vorkommen, dass die Boschlampen abgerissen wurden; hier wurden Sie deshalb entfernt. Ab der mittleren Ausführung wurde die Boschlampe auf einen Halter in der Mitte der Frontplatte montiert. Am linken Schleppauge ist ein aus Flachstahl geformter, geschmiedeter Schäkel mit quadratischem Querschnitt eingehängt. Später wurden nur noch Schäkel aus Rundmaterial verwendet.

DEFENSIVE FORCES NEAR NEVEL – 1943/44
ABWEHRKAMPF BEI NEWEL – 1943/44

At the beginning of October 1943 strong Russian forces broke through the front line at the interface of the 16. Armee (H.Gr. Nord) and 3rd tank army (H.Gr. Mitte) and took the city of Nevel without any fighting. Abteilung 502 was moved by »express transport« from the Leningrad area to Pustoshka to close the gap and recover the lost ground.

Alarm – Tossno October 1943

The Abteilung only had a short rest after the third battle of Ladoga. It was alerted to support the troop in difficulties in the area of Nevel. The Abteilungs' Tigers were on the move on several transport trains from 8th October. After a few days' travel they reached the new battle area about 500 km south of Leningrad.

Anfang Oktober 1943 durchbrachen starke russische Truppen die Frontlinie an der Nahtstelle der 16. Armee (H.Gr. Nord) zur 3. Panzerarmee (H.Gr. Mitte) und nahmen die Stadt Nevel kampflos ein. Im »Eiltransport« wurde die Abteilung 502 aus dem Raum Leningrad nach Pustoschka verlegt um die Einbrüche abzuriegeln und verlorenes Gebiet wieder zurückzugewinnen.

Alarm – Tossno Oktober 1943

Nach der Dritten Ladoga-Schlacht gab es für die Abteilung 502 nur eine kurze Ruhephase. Die Abteilung wurde alarmiert um die bei Newel in Bedrängnis geratenen deutschen Truppen zu unterstützen. Ab dem 8. Oktober wurden die Tiger der Abteilung bereitgestellt. Auf mehrere Transportzüge verteilt erreichte die Abteilung nach einigen Tagen der Anfahrt den ca. 500 km südlich von Leningrad gelegenen neuen Einsatzraum.

107 The first Tigers of 3./502 arrive in the station at Tossno for the Express-Transport to Putoschka. The SSyms flatbed wagons came with the transport tracks stored on them. The Tigers must be prepared for rail transport – a lot of work for the tank crews and mechanics – by removing their outer wheels and replacing the combat track with the narrower transport tracks.

107 Im Bahnhof von Tossno treffen die ersten Tiger der 3./502 für den Eiltransport nach Putoschka ein. Die bereitgestellten Plattformwagen vom Typ SSyms wurden mit den Verladeketten auf der Ladefläche angeliefert. Die Tiger müssen noch für den Bahntransport umgerüstet werden, viel Arbeit für die Panzerbesatzung und Mechaniker – die äußeren Laufrollen werden abgenommen und die Marschkette gegen die Verladekette ausgetauscht.

108 A Tiger waits at the roadside. It is an early production model delivered with smoke candle dischargers and reinforced mantlet but without the spare track holders on the turret. Two spare links are hanging on wires from the Bosch headlight by the bow MG.

109 On 11th October 1943 the transport train with vehicles of 3./502 is waiting at Luga station to journey further on toward Pskov. Tiger Nr.302 has been loaded wearing its operational tracks, because it was not necessary to change to transport tracks on a single-line railway so time could be saved. Its number 302 can still be faintly seen on the hull side near the Balkenkreuz. This Tiger is an early production model. No brackets for spare links on the turret can be seen.

110 Tiger Nr. 302 is parked beside a farmhouse and camouflaged with bundles of straw. The gun mantlet has the cast-in reinforcement of the openings for the TFZ 9b binocular telescope.

108 Ein Tiger wartet am Straßenrand. Es ist eine frühe Ausführung, ausgeliefert mit Nebelwurfbecherhalterung, verstärkter Walzenblende und ohne Halter für die Ersatzketten am Turm. Neben dem Bug-MG sind zwei Ersatzkettenglieder mit Draht an der Boschlampe eingehängt.

109 11. Oktober 1943 – im Bahnhof von Luga wartet der Transport mit Fahrzeugen der 3./502 auf die Weiterfahrt in Richtung Pleskau. Der Tiger Nr.302 wurde mit Marschketten verladen. Bei einspurigen Strecken konnte auf das zeitraubende Wechseln auf die Verladeketten verzichtet werden. An der Seitenwand ist neben dem großen Balkenkreuz noch sehr schwach die Ziffer 302 zu erkennen. Der Tiger ist aus dem frühen Produktionslos. Am Turm sind keine Halter für die Ersatzketten zu finden.

110 Neben einem Bauernhaus wurde der Tiger Nr.302 abgestellt und mit Büschen aus Stroh getarnt. Die Walzenblende der Kanone zeigt die gegossene Verstärkung um das TFZ 9b Binokular-Zielfernrohr.

111 Pause – four Tigers of 1./502 stop in a forest lane near Meschinevo. The crew strengthen themselves for the mission ahead with a snack. The Tigers of 1./502 were renumbered again after the 3rd Lake Ladoga battle, the white numbers now smaller and painted underneath the brackets of the smoke candle dischargers on the turret.

112 A relaxed tank crewman and an infantryman appear in front of Tiger Nr.201, an early production model. The turret's gun mantlet does not have the reinforcement around the binocular telescope – 90 such mantlets were made for the Tiger (P) but here is one made for the Tiger E, with its corner not cut out. Mantlets like this were put on about 30 of the first Tiger E but it's a surprise to find one at this late date. 2/502.'s black-outlined »mammoth« emblem is painted at the right near the bow MG.

112 Entspannt zeigt sich ein Panzermann zusammen mit einem Infanteristen vor Tiger Nr.201, einer frühen Ausführung. Am Turm ist eine Walzenblende ohne die Verstärkung um das Binokular Zielfernrohr montiert – 90 Stück der Walzenblenden in der Ausführung des Tiger (P) wurden hergestellt. Hier sehen wir aber eine Walzenblende für den Tiger E ohne die Aussparung an den Ecken. Nur 30 dieser Blenden wurden bei den ersten Tiger E verbaut. Diese Blende so spät verbaut vorzufinden, überrascht. Das Abteilungskennzeichen der 2./502 ein schwarz umrandendes »Mammut« ist neben dem Bug-MG aufgemalt.

113 A crewman holds the gun tube to climb onto the bow of the Tiger. The camouflage paintwork in a looping or 'meandering' way is a style only otherwise seen on Luftwaffe aircraft. The s-mine launcher near the radio operator's hatch is loaded - you can see the mine (S-mine 35), the detonator and the wiring.

113 Am Kanonenrohr erklimmt der Panzermann den Bug. Der Tarnanstrich wurde in einer Art Schlingentarnung (Mäander) ausgeführt, diese Art der Tarnung findet man sonst nur bei den Kampfflugzeugen der Luftwaffe wieder. Der S-Minenwerfer an der Funker-Luke ist geladen. Man kann die Mine (S-Mine 35), den Zünder und die Verkabelung erkennen.

114 Only the last digit of the turret number Nr.xx3, can be clearly identified on the turret behind the open drivers hatch, but it seems to be Tiger Nr.333. The color of the gun barrel, which looks like a replacement, is lighter than the base color of turret and hull with their strong camouflage scheme.

114 Nur die letzte Ziffer der Turmnummer Nr.xx3 ist hinter dem geöffneten Deckel der Fahrerluke zu erkennen. Wahrscheinlich ist es Tiger Nr.333. Das Kanonenrohr, vermutlich ein Ersatzrohr, ist im Farbton heller als die Grundfarbe an Turm und Wanne mit einem in kräftigen Farben aufgetragenen Tarnmuster.

115

116

115, 116 3./502 arrives with other Tigers in the Abteilung's operational area. Seeing a Tiger nearby is an event that soldiers of the formations in the combat zone will remember for a long time.

115, 116 Die 3./502 trifft mit weiteren Tigern am Zielort der Abteilung ein, wo sie bereits von Soldaten erwartet wird. Einen Tiger aus der Nähe zu sehen ist für die Soldaten der Truppenteile im Einsatzgebiet immer wieder ein Ereignis, das in Erinnerung bleibt.

A Tiger veteran – Nr.113   Ein Tiger-Veteran – Nr.113

117 The veteran among the Tigers of 502 is a Tiger with Nr.113. Delivered as a replacement at the End of February; it has carried several markings which are faded but still visible on the turret. Starting as Nr.3 end of February 43, it was renumbered in late spring with a big Nr.14 before the Lake Ladoga battle. In September 1./502 renumbered its tanks again to conform to the Abteilung's numbers , and replaced their numbers by smaller ones as seen on Nr.113. Obviously there is a problem with the sprocket, with a four-way rim wrench seen still on the screws of its hub.

117 Der Veteran unter den Tigern der Abteilung 502 war der Tiger mit Nr.113. Als Ersatzlieferung aus dem Februar 43 hat der Tiger schon mehrere Kennzeichnungen getragen, die am Turm noch sichtbar sind. Begonnen wurde mit der Nr.3 im Februar 43, die im späten Frühjahr noch vor Beginn der Ladoga-Schlacht durch eine große Nr.14 ersetzt wurde. Im September hat die 1./502 dann die abteilungsübliche Nummerierung mit kleineren Ziffern, hier die Nr.113, umgestellt. Offensichtlich gibt es ein Problem am Antriebsrad. Ein Kreuzschlüssel steckt noch auf den Schrauben der Radkappe.

118 The camouflage painted on the turret was touched up differently after the winter period and changes of the platoon numberings. After the sprocket has been checked the Tiger moves on – but two soldiers look doubtfully at the sprocket, is there still a problem with the reduction gear?

118 Die Tarnbemalung ist am Turm und Wanne durch das ständige Ausbessern der Bemalung nach der Winterperiode und den laufenden Wechseln der Nummerierungen sehr unterschiedlich ausgeführt worden. Nach der Kontrolle am Triebrad fährt der Tiger an. Mit etwas Skepsis betrachten zwei Soldaten das Antriebsrad. Gibt es doch noch ein Problem mit dem Vorgelege?

Surrounding of Pustoshka – Nevel

Umgebung von Pustoschka – Newel

119 Tiger Nr. 11x drives up a hill in the Pustoshka-Nevel combat area. The Tigers of the 1./502 had no numbers painted on their turret stowage bins in 1943/44.

120, 121 A combat group of two Tigers, Nr. 113 and 11x, arrives in a small farming village. The pause is used for a meeting.

119 Im Kampfgebiet Pustoschka-Newel fährt ein Tiger Nr.11x eine Anhöhe hinauf. Die Tiger der 1./502 hatten im Zeitraum 43/44 keine Nummer auf der Gepäckraumkiste an der Turmrückwand aufgemalt.

120, 121 Die Kampfgruppe aus zwei Tigern mit Nr.113 und 11x trifft in einem kleinen Bauerndorf ein. Der Halt wird für eine Besprechung genutzt.

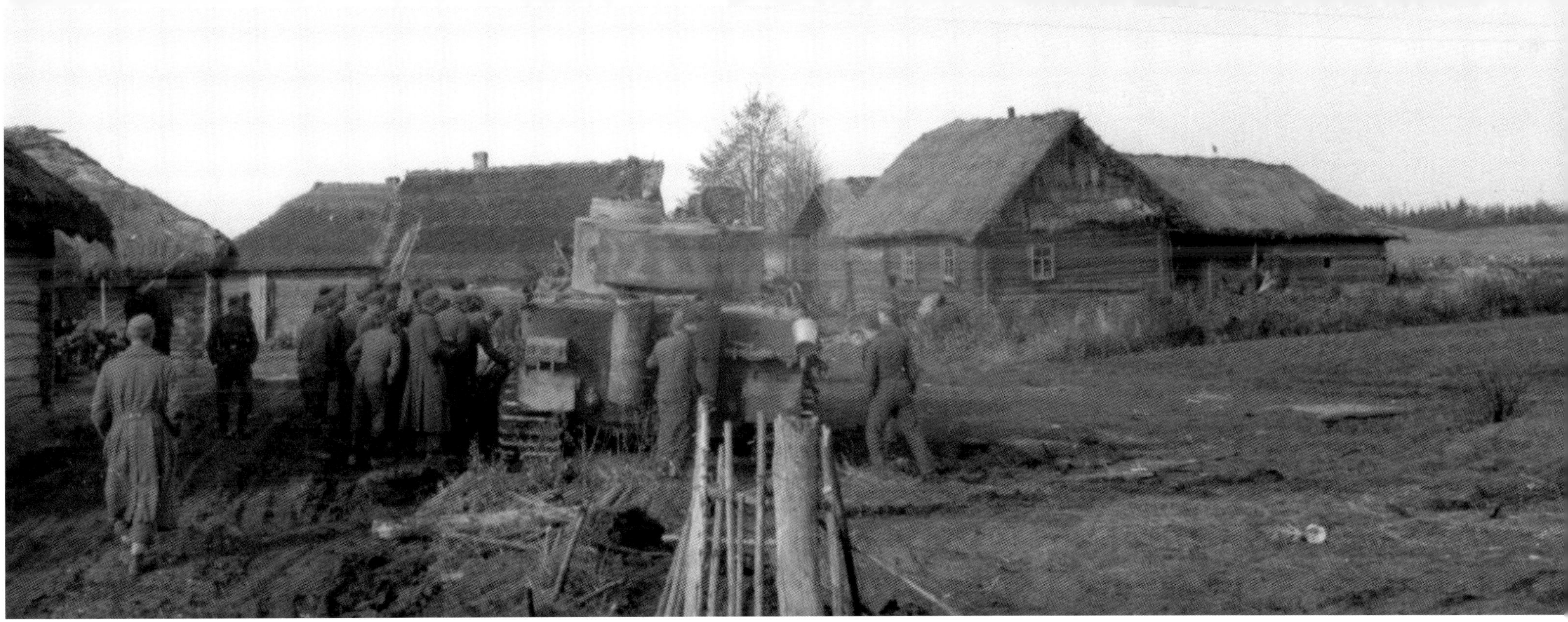

BArch, Bild 101I-724-0126-10 / Hanfland

120

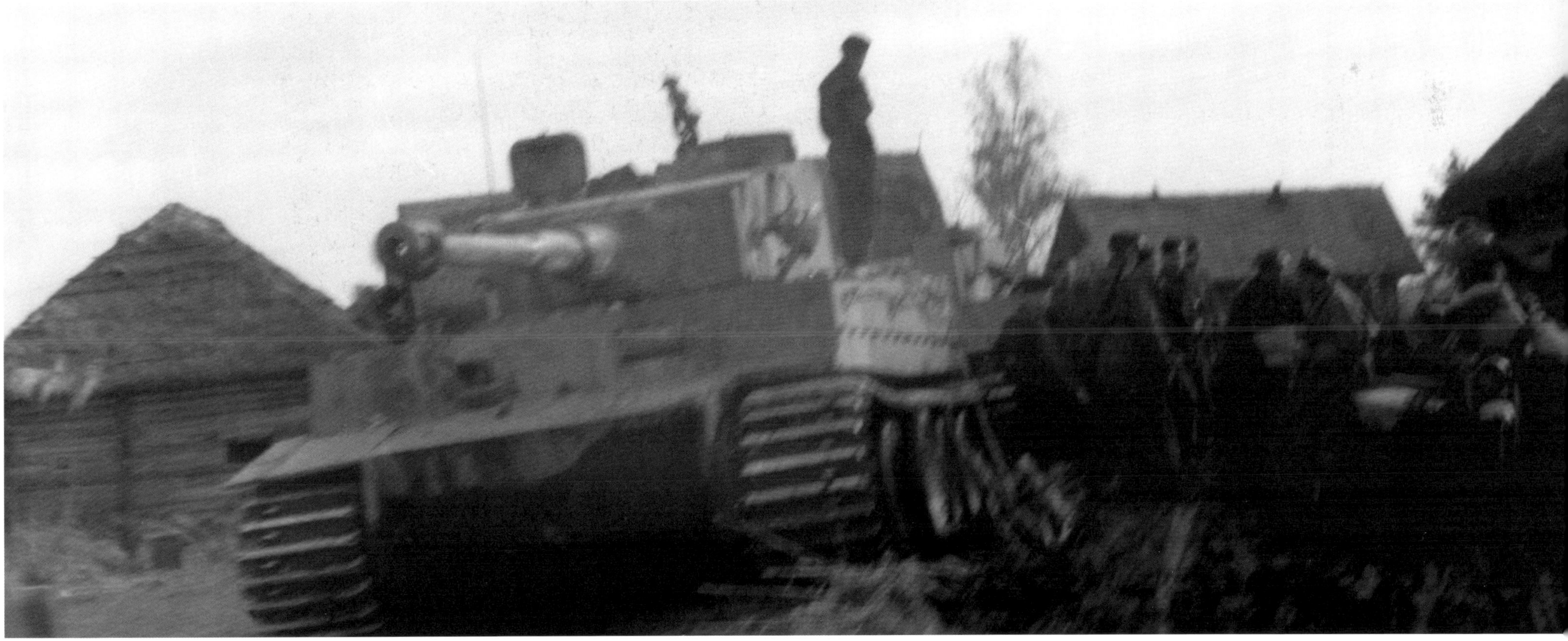

BArch, Bild 101I-724-0126-12 / Hanfland

121

122 A courier from the staff company has arrived on his heavy BWM R75 with sidecar. Orders are given and the approach is coordinated.

122 Ein Kurier der Stabskompanie ist mit seiner schweren BWM R75 mit Beiwagen eingetroffen. Befehle werden ausgetauscht und die Vorgehensweise abgestimmt.

123 The Tigers leave the farming village on a narrow village road toward the front (HKL).

123 Über eine kleine Dorfstraße verlassen die Tiger das Bauerndorf in Richtung Front (HKL).

Nevel – November 1943

The surprising breakthrough of soviet troops at the junction between H.Gr. Nord and Hr.Gr. Mitte (Army Groups North and Middle) in the Nevel area also led to their capture of the strategically important Hill 204.

3./502 with support from ID.81 succeeded in winning back Hill 204 in hard and tough fights at the end of November 1943.

124 Tigers of 3./502 drive forward along the ridge into the combat zone. The front Tiger is Nr.312.
A MG-troop moves forward against the Hill in the protection of our heavy tanks. (PK caption)

125 A further Tiger follows the infantry combat group. *Covered by Tigers, German infantry proceed against Hill 204.* (PK caption)

125 Ein weiterer Tiger folgt der Kampfgruppe aus Grenadieren nach. *Von Tigern gedeckt gehen deutsche Grenadiere gegen die Höhe 204 vor.* (PK-Text)

126 Three Tigers arrived on the ridge, controlling the area with their heavy weapons. The accompanying infantry are partly entrenched to be prepared for possible counterattacks. *The last pockets of enemy resistance were taken In short hard fights. The hill is occupied by German infantry and tanks.* (PK caption)

126 Drei Tiger haben sich auf dem Höhenzug eingefunden, mit ihren schweren Waffen kontrollieren sie die Ebene. Die begleitenden Grenadiere haben sich teilweise eingegraben um für eventuelle Gegenstöße vorbereitet zu sein. *In kurzen harten Kämpfen wurden die letzten Widerstandsnester des Feindes genommen. Die Höhe ist von deutschen Grenadieren und Panzern besetzt.* (PK Text)

127 Hill 204 is taken. The fleeing enemy passes dead Soviets under the attack of our infantry. (PK caption)

127 Die Höhe 204 ist genommen. Vorbei an toten Sowjets aber geht der Vorstoß unserer Grenadiere, dem fliehenden Feinde nach. (PK-Text)

128 The white winter paintwork was applied in large patches over three-color camouflage. The Tiger with a white Nr. 101 is an early production from April/May 1943 – smoke candle dischargers, spare track brackets on the turret and S-mine launchers on the hull deck.

128 Der weiße Winteranstrich wurde in großen Flecken auf einem dreifarbigen Tarnanstrich aufgetragen. Der Tiger mit weißer Nr. 101 ist eine frühe Ausführung aus der April/Mai-Fertigung mit Nebelwurfbechern und Ersatzkettenhaltern am Turm und S-Minenwerfern auf dem Wannendach.

129, 130 Fresh snow has fallen. Tiger Nr.101 was parked in the workshop area of the Abteilung. Areas free of the winter camouflage still show the 3-tone camouflage. Fir branches and straw mats were put on the hull to add to the natural camouflage of the new-fallen snow.

129, 130 Neuschnee ist gefallen – der Tiger Nr.101 wurde im Werkstattbereich der Abteilung abgestellt. Von der Wintertarnung ausgesparte Flächen lassen die dreifarbige Tarnung noch erkennen. Zusätzlich wurden Nadelbäume und Strohmatten aufgelegt, die durch den Neuschnee eine natürliche Tarnung verstärken.

»Stop the Tigers« – December 1943

In the Nevel combat area controlled by H.Gr. Nord there are vast wetlands and forests. It is crisscrossed by small streams and drainage ditches, and most roads are built on embankments beside them with any crossings provided by simple bridges. These bridges could easily trap the heavy Tigers. It was the task of the Organisation Todt (OT) and construction engineer units to strengthen the bridges sufficiently to make them usable for the Tigers.

»Halt für Tiger« – Dezember 1943

Im Kampfgebiet Newel an der Ostfront, Bereich H.Gr. Nord, sind weitläufige Sumpfflächen und Wälder vorhanden. Durchzogen von zahlreichen Entwässerungsgräben und kleineren Bachläufen wurden die meisten Straßen auf Dämmen entlang der Wassergräben errichtet. Durchstiche wurden mit einfachen Brücken überbaut. Für den schweren Tiger konnten diese Brücken schnell zur Falle werden. Es war Aufgabe der Organisation Todt (OT), zusammen mit Baupioniereinheiten die Brücken ausreichend zu verstärken, um sie für die Tiger befahrbar zu machen.

131, 132

131, 132 »Stop the Tigers«! Some bridges in the Nevel combat area were not passable by the weighty Tiger tank and therefore the hardworking builders of the OT had to strengthen them everywhere. Just a short wait and the journey can continue. (PK-caption)
Hard labor for the engineers – in icy temperatures and the wintery weather conditions it was certainly not a pleasant task.

131, 132 »Halt für Tiger! Manche Brücken im Kampfraum Newel waren dem gewichtigen Tiger Panzer nicht gewachsen und wurden deshalb von den überall fleißig schaffenden Männern der OT verstärkt. Nur noch eine kurze Zeit und die Fahrt kann weitergehen.« (PK-Text)
Schwerstarbeit für die Pioniere – bei eisigen Temperaturen und den winterlichen Wetterbedingungen war das sicherlich kein Vergnügen.

133, 134 The construction manager and an engineer check the strengthening: bolted-down tree trunks set closely and covered with a double layer of beams. Crossing the bridge is not a problem for a one-horse sledge, but the Tiger must wait.

133, 134 Ein Bauleiter und ein Pionier prüfen die Verstärkung aus doppelt aufeinander gelegten, verschraubten und mit einer doppelten Balkenlage bedeckten Baumstämmen. Für den Schlitten mit Ein-PS-Antrieb ist das Queren der Brücke kein Problem, der Tiger muss noch warten.

135 The bridge edges are lined on both sides by posts driven into the ground to prevent any vehicles straying onto the soft ground. The Tiger crew seems unconvinced of the durability of the bridge and is in discussions with the construction manager. The Tiger has a complete cover of winter white, even over its numbers, but the prevailing weather has already worn it heavily.

135 Die Brücke ist beidseitig durch eingeschlagene Palisaden gekennzeichnet, auch um ein Umfahren durch Fahrzeuge im unbefestigten und weichen Boden zu verhindern. Die Tiger-Besatzung scheint von der Haltbarkeit der Brücke nicht so recht überzeugt und diskutiert mit dem Bauleiter. Der Tiger wurde komplett mit einem weißen Anstrich versehen. Er bedeckt auch die Kennzeichen. Die Witterung hat den Anstrich bereits stark ausgewaschen.

136 The construction site is guarded by a Tiger, so if hostile tanks appear the Tiger will block the way. A sip of a hot drink and the work goes on. The tank crew is waiting for the completion of the construction work.

136 Die Baustelle wird durch einen Tiger gesichert. Es können jederzeit feindliche Panzer auftauchen, denen sich der Tiger in den Weg stellen wird. Ein Schluck Heißgetränk und die Arbeiten gehen weiter. Die Panzerbesatzung wartet auf die Fertigstellung der Bauarbeiten.

Recovery with a Panzerkampfwagen

Bergen mit Panzerkampfwagen

137 A Tiger is pulling a damaged tank with its right combat track removed out of a stream crossing, and dragging it up the bank with crossed tow cables fixed by shackles. The manual D659/4 »Recovery of Combat Tanks« allows »recovery with a Pz Kpfw« only in exceptional circumstances.

137 Durch eine Senke zieht ein Tiger im Schlepp einen fahrunfähigen Schadpanzer, dessen rechte Einsatzketten abgesprungen ist, mit eingehakten, sich kreuzenden und einem Schäkel verbundenen Abschleppseilen die Uferböschung hinauf. Die Vorschrift D659/4 »Bergen von Panzern« erlaubt das »Bergen mit Pz Kpfw« nur in Ausnahmesituation.

138 The front of the »Recovery Tiger«. The Recovery crew has arrived with its 18t Zgkw to take over the damaged tank. The vehicle is an early production model from May 1943. The mantlet is unreinforced and has the tell-tale cutouts in th ebottom corners of one built for the Tiger (P). Note the mix of early nad late (chevrons) type track links on the right side.

138 Der »Bergetiger« von vorne. Der Bergzug mit seinen 18t Zgkw ist eingetroffen und wird den Schadpanzer übernehmen. Das Fahrzeug, eine frühe Ausführung, stammt aus der Fertigung Mai 1943. Die unverstärkte Walzenblende wurde für den Tiger (P) gebaut, die Ecken sind an der unteren Kante ausgespart. Zu beachten ist auch die frühe und späte (Krallen) Gleiskette an der rechten Seite.

END OF THE SIEGE OF LENINGRAD – SPRING 1944
ENDE DER BELAGERUNG VON LENINGRAD – FRÜHJAHR 1944

Russian troops launched their »operation Leningrad-Novgorod« from the Oranienbaum bridgehead, attacking H.Gr.Nord to break its ring around Leningrad. Abteilung 502, which had been moved in October to the Nevel area, was recalled to the Leningrad area with its Tigers by »lightning arrow« transport. The Army Group, threatened with becoming surrounded, withdrew from the »Panther line« by retreating via Volossova/Narva to Estonia and crossing the Luga to Pskov-Ostrov south of Lake Peipus. After almost 900 days of the German siege the city of Leningrad was free again.

Aus dem Brückenkopf Oranienbaum heraus starten Mitte Januar 1944 russische Truppen mit der »Operation Leningrad-Nowgorod« den Angriff auf die H.Gr.Nord zur Befreiung von Leningrad. Im »Blitzpfeil«-Transport verlegte im Oktober die Abteilung 502 vom Raum Nevel wieder in den Raum Leningrad zurück. Einer drohenden Einschließung entzog sich die Heeresgruppe Nord durch Rückzug über Wolossowa/Narwa auf die »Panther Linie« nach Estland und über den Luga nach Pleskau-Ostrow südlich des Peipussee. Nach fast 900 Tagen deutscher Belagerung war die Stadt Leningrad wieder befreit.

Oranienbaum Bridgehead – Narva February 1944

Brückenkopf Oranienbaum – Narwa Februar 1944

February 1944 – Abt.502 receives further replacements from the Ordnance East department of H.Gr. Nord in the rail station at Elizavetino. The Tigers are mid-production models built in January 44, before the change to rubber-saving steel road wheels. The winter camouflage is sprayed on, leaving parts of the track guards and road wheels clear of the white.

Februar 1944 – im Bahnhof von Jelisanwetino wurden der Abt.502 weitere Ersatzfahrzeuge aus dem Kontingent Nachschub Ost der H.Gr. Nord übergeben. Es sind Tiger der mittleren Ausführung vor Umstellung auf die gummisparenden Stahllaufrollen aus der Fertigung vom Januar 44. Der Winteranstrich ist aufgespritzt. Teilweise zeigen die seitlichen Kettenabdeckbleche und die Laufrollen keinen Farbanstrich.

Condition report
Zustandsbericht

Abteilung		502	502	502	502	502	502	502	502	502	502	502	502
Unterstellungsverhältnis		Gen.Kdo. LIV.A.K.	Armee-Gr. Kdo.Narva	XXXVIII. A.K.	XXVIII. A.K.	XXVIII. A.K.	XXVIII. A.K.	Gen.Kdo. I.A.K.	Gen.Kdo. X.A.K.		58.ID	XXVIII. A.K.	XXVIII. A.K.
Meldung zum Stichtag		30.1.44	28.2.44	31.3.44	30.4.44	31.5.44	30.6.44	31.7.44	31.8.44	keine Meldung	31.10.44	30.11.44	31.12.44
Gepanzerte Fahrzeuge		VI	VI	VI	VI	VI	VI	VI	VI	VI	VI	VI	VI
Soll (Zahlen)		45	45	45	45	45	45	45	45	45	45	45	45
einsatzbereit	zahlenmäßig	20	24	29	25	34	41	12	19		16	17	18
	in % des Solls	44%	53%	64%	56%	76%	91%	27%	42%		35%	40%	40%
in kurzfristiger	zahlenmäßig	21	4	14	8	4	3	8	8		2	1	2
Instandsetzung	in % des Solls	46%	9%	31%	18%	9%	7%	18%	18%		4%	2%	4%
			1)	2)									3)

Excerpt of RH10-220 BAMA
1) Abteilung splitted in 3 combat groups – Armeegruppe Narwa, A.O.K.18 and A.O.K.16 at the H.Gr.Nord.
2) Abteilung splitted in 2 combat groups – Armeegruppe Narwa, A.O.K.18 at the H.Gr.Nord.
3) 3./502 on travel to Paderborn for revitalisation.

Auszug aus RH10-220 BAMA
1) Die Abteilung ist auf 3 Kampfgruppen verteilt, Armeegruppe Narwa, A.O.K. 18 und A.O.K.16 im Raum der Nordfront verteilt.
2) Die Abteilung ist auf 2 Kampfgruppen verteilt, Armeegruppe Narwa, A.O.K. 18 im Raum der Nordfront verteilt.
3) Die 3.Abteilung ist auf dem Marsch nach Paderborn zur Auffrischung.

139

139 The Tiger's turret is turned to the rear and the KwK fixed into its external travel lock, a new feature of mid-production models. The vehicle is already coated with Zimmerit. A 20t jack is attached above the right rear fender and at left a C-hook is stowed beside the exhaust shrouds. The Tiger will take on its ammunition soon.

140 Another replacement Tiger is being refueled. This gives some infantrymen the opportunity of a closer look at the Tiger. There are no visible markings on the Tiger, a very common characteristic of the Abteilung in spring 1944.

139 Der Tiger-Turm ist nach rückwärts gedreht und das Rohr der KwK wird mit einer Heckzurrung gehalten, eine der Neuerungen der Modelle der mittleren Ausführung. Das Fahrzeug ist mit einem »Zimmerit«-Anstrich versehen. Eine stärkere Stockwinde für 20t ist oberhalb des rechten Kettenschutzblechs montiert, an der linken Seite ist ein C-Haken neben dem Auspuffblech angebracht. Der Tiger ist zur Munitionsübernahme bereitgestellt.

140 Ein weiterer Tiger aus der Ersatzlieferung wird gerade betankt. Das bietet den Soldaten der Infanterie die Gelegenheit den Tiger genauer zu betrachten. Am Fahrzeug sind keine Kennzeichen erkennbar, eine im Frühjahr 1944 oft vorzufindende Eigenheit der Abteilung.

140

Volosovo – February 1944   Wolosowa – Februar 1944

141

141 Two Tigers of 2./502 wait for orders on a village road. The front one is a mid-production Tiger, apparently unnumbered. Another photo of the scene reveals that the second Tiger is an early-production Befehlstiger (Command Tiger). Since it has no turret spare tracks it's too old to have been issued in late 1943. Therefore it should be one of the battalion's original three Befehlstigers; given its features, it is Nr.III. The 502 battalion used Tiger 1 until April 1945, but got no new tanks after February 1944 and apparently never had the »steel-wheeled« late-production Tiger.

141 Auf der Dorfstraße warten zwei Tiger der Abteilung 2./502 auf Einsatzbefehle. Der vordere Tiger der mittleren Ausführung ist nicht nummeriert. Eine anderes Foto aus der gleichen Szene zeigt den zweiten Tiger, einen Befehlstiger der frühen Ausführung. Dieser hatte bei seiner Zuweisung noch keine Halter für die Ersatzketten am Turm. Aufgrund dessen kann es sich hier nur um einen der drei Befehlstiger von Anfang 1943 handeln, der aufgrund seiner Merkmale als Nr.III identifiziert wurde. In der Abteilung 502 sind bis Kriegsende Tiger I in Verwendung, nach Februar 1944 wurden keine weiteren Tiger zugewiesen. Tiger mit den gummisparenden Stahllaufrollen der späten Ausführung waren nicht in Verwendung.

142 A Tiger without numbering leaves a village near Volosovo. This Tiger in winter white shows all details of the late production mid model: Zimmerit, central Bosch headlight on the front plate, cast commander's cupola, brackets for spare track links on the turret side, internal travel lock and external travel lock holds. At left is a sign »to the road construction park….« and below it a signpost pointing to the 502. Abteilung's headquarters. Behind it is a rare Pavesi tractor parked in front of a wooden shed.

142 Ein Tiger ohne Nummer verlässt ein Dorf bei Wolosowa. Dieser Tiger im Winteranstrich zeigt alle Details der mittleren Ausführung im späten Baulos: Zimmerit, Boschlampe in der Mitte der Frontplatte, gegossene Kommandantenkuppel, ebenso Halteklammern für die Ersatzketten an der Turmseite, die Wiegenzurrung im Turm und die Heckzurrung. Links ein Schild »zum Strassenbaupark….«, darunter ein Hinweisschild auf den Abteilungsstab der 502. Im Hintergrund parkt eine seltene Pavesi-Zugmaschine vor einem Holzschuppen.

Narva – Spring 1944   Narwa – Frühjahr 1944

143 2./502's battles for Narva, in the bridgehead's »west pocket« at Vaivara and »east pocket« at Auvere, were usually fought in combat teams of two Tigers.
Two Tigers, early and mid-production models, pass a ruin at the forest edge. The Tigers still show their winter paint, Nr.2 followed by Nr.212 but it is difficult to make out the numbers on their stowage bins. Some of the new »mid« Tigers that arrived in February 1944 were only marked with the number »2« to indicate that the 2nd company owned them, and their 3-digit numbers were painted over the »2« at a later time.

143 Die Kämpfe um Narwa, an den Brückenköpfen »Westsack« bei Vaivara und »Ostsack« bei Auvere, wurde von der 2./502 meist in Kampfgruppen von zwei Tigern geführt.
Zwei Tiger, frühe und mittlere Ausführung, passieren eine Ruine am Waldrand. Die Tiger zeigen sich noch im Winteranstrich. Die Nummerierungen, Nr.2 gefolgt von Nr.212 auf den Gepäckkästen, sind nur schwer auszumachen. Einige Panzer der im Februar angelieferten Tiger der mittleren Ausführung wurden mit einer Nummer »2« versehen, gekennzeichnet als der 2./502 zugehörig. Später wurden die 2er mit 3-stelligen Nummern gekennzeichnet.

144 Tiger Nr.217 in its winter dress is a final mid-production model still with rubber-tired road wheels attached and Zimmerit coating. The white paint shows many small-caliber bullet holes, and it has also lost the rubber tire of the second outer road wheel. The bow MG's ball mount and the location of the missing bracket for the central Bosch headlight show their original color. In July 44 Nr.217 was commanded by Lt. Otto Carius*.

144 Tiger Nr.217 im Winterkleid ist eine späte mittlere Ausführung. Er ist mit gummibereiften Laufrollen ausgerüstet und mit Zimmerit belegt. Der weiße Winteranstrich ist übersät von vielen kleinkalibrigen Einschüssen, auch fehlt die Gummibereifung am zweiten äußeren Laufrad. Im Originalfarbton ohne weißen Anstrich ist die Bug-MG-Kuppel und der Bereich an der sich die Halterung für die Boschlampe befand, ausgeführt. Im July 44 wurde die Nr.217 von Lt. Otto Carius* übernommen.

* Otto Carius 27.5.1922 - 24.1.2015, highly decorated with EK2, EK1, RK, and EL
* Otto Carius 27.5.1922 - 24.1.2015, hochdekoriert mit EK2 EK1 RK EL

SUMMER OFFENSIVE 1944
SOMMEROFFENSIVE 1944

In mid-June the Russians launched their »Operation Bagration« offensive along the whole front line from north to south with its main target an attack on H.Gr.Mitte, and within days the German front line collapsed. H.Gr. Nord was attacked by the troops of the 1st, 2nd and 3rd Baltic Fronts.

Ostrov and Daugavpils – Summer 1944

The Heeresgruppe withdrew from the area around Ostrov to Daugavpils to stabilize the front line. Amid fierce fighting from July to the end of August the Abteilung was pushed back from the area around Daugavpils – Rokiskis – Birsen – Schönberg – Bauske ito the Riga area.

Die russische Großoffensive »Operation Bagration« Mitte Juni 44 von Norden nach Süden mit Angriffsschwerpunkt auf die Heeresgruppe Mitte führte nach wenigen Tagen zum Zusammenbruch der deutschen Frontlinien. Im Gebiet der Heeresgruppe Nord stürmte die 1., 2. und 3. Baltische Front.

Ostrow und Dünaburg – Sommer 1944

Die Heeresgruppe Nord zog sich aus Ostrow in Richtung Dünaburg zurück um dort die Front wieder zu stabilisieren. In zahlreichen Rückzugsgefechten, die im Zeitraum Juli bis Ende August geführt wurden, zog sich die Abteilung 502 aus dem Raum um Dünaburg – Rokiskis – Birsen – Schönberg – Bauske in den Raum um Riga zurück.

145 This Tiger was a replacement issued to the Abteilung in January – February 44 and numbered as Staff tank Nr.002 in summer 44; but this is not a Befehlstiger. This mid-production tank has a Zimmerit coating, very roughly applied on the turret. Note the reinforcement of the second outer road wheel.

146 It was easier to board the Tiger with a do-it-yourself ladder! Here Tiger Nr.113 of 1./502, parked between 2 farmhouses, forms the framework for a photo memento. The number, at the end of 1943 only in white, is now seen on an early-model Tiger in black outlined in white.

147 In November 1943, after the Tiger factory was bombed, production slowed down. Therefore 18 finished Befehlstigers waiting in the factory yard were converted to be ordinary Tigers and delivered over the next few weeks. Tiger 312 is one of them. These Tigers retained some of the Command radio fittings; in this case, a small clip under the spare track link, for holding the mast antenna.

148 Tiger Nr.318 is transported to its next mission on an SSyms flatcar. This Tiger is a mid-production model with a Zimmerit coating and its second outer roadwheel is missing.

145 Der Tiger wurde als Ersatzfahrzeug der Abteilung im Januar-Februar 44 zugeführt und im Sommer 44 als Stabspanzer Nr.002 gekennzeichnet; aber es ist kein Befehlstiger. Es ist eine mittlere Ausführung und mit einem Zimmeritbelag versehen, der sich am Turm sehr grob gerifft zeigt. Man beachte das zweite äußere Laufrad, das mit einer Blechmanschette verstärkt wurde.

146 Mit einer selbstgebauten Leiter war es leichter auf den Tiger zu gelangen. Zwischen zwei Bauernhäusern abgestellt bildet der Tiger Nr.113 der 1./502 den Rahmen für ein Erinnerungsfoto. Die Nummerierung, Ende 1943 nur in weiß, ist hier an einem Tiger der frühen Ausführung in schwarz mit weißer Umrandung aufgemalt.

147 Im November 1943 geriet die Tiger-Produktion nach einem Bombenangriff auf die Fertigungsstätten ins Stocken. Deshalb wurden bereits 18 fertiggestellte Befehlstiger in normale Tiger zurückgerüstet und in den darauffolgenden Wochen ausgeliefert. Tiger Nr.312 war einer davon. An den Tigern verblieben einige Teile der Befehlsausrüstung. In diesem Fall eine kleine Klemme zum Halten der Mast-Antenne; zu sehen unterhalb des Ersatzkettengliedes.

148 Ein Plattformwagen vom Typ SSyms transportiert den Tiger Nr.318 der mittleren Ausführung mit Zimmerit-Belag zum nächsten Einsatzgebiet. Bei diesem Panzer fehlt die zweite Laufrolle.

145

146

147

148

Daugavpils – Rokiskis – Birsen
Dünaburg – Rokiskis – Birsen

149 Tiger Nr.308 of 3./503 was commanded by Hptm. Leonhardt*. This Tiger is a mid-production model. Extra spare track links are in a bracket beside the driver's visor. The bracket was made from round steel bars and welded to the frontal armor.

150 The Zimmerit coating was heavily chipped by hits and was touched up with camouflage colors by the workshop unit.

149 Tiger Nr.308 der 3./503 wurde von Hptm. Leonhardt* befehligt. Der Tiger ist eine mittlere Ausführung. Zusätzliche Kettenglieder sind in einer Halterung neben der Fahrerblende eingesetzt. Die Halter, aus Rundstahl gefertigt, wurden an der Frontpanzerung angeschweißt.

150 Durch Beschuss ist der Zimmerit großflächig abgeplatzt. Der Belag wurde mit Tarnfarbe durch die Werkstatteinheit, ausgebessert.

* Abteilung 502's 1000th kill was scored by Hptm. Leonhardt on 26.9.1944.
* Der 1000. Abschuß der Abteilung 502 wurde von Hptm. Leonhardt am 26.9.1944 erzielt.

151

152

151 An armor-piercing shell has torn a significant chunk out of the 100 mm thick front plate above the driver's visor. Just a few centimeters lower and the hit would have had devastating consequences for the crew.

152 The crew has camouflaged their Tiger in the marshalling area with tree branches and sheaves of cereal grass, and a rope or bundle of grass is wound around the tube of the KwK. The tow cables are connected to the towing lugs with shackles and led along the hull roof. If recovery is needed the cables could be connected to the towing vehicle without any great waste of time.

151 An der Frontplatte oberhalb der Fahrerblende hat eine großkalibrige Panzergranate eine deutliche Spur hinterlassen und ein Stück der 100 mm starken Panzerung herausgestanzt. Nur einige Zentimeter tiefer und der Treffer hätte für die Besatzung verheerende Folgen gehabt.

152 Im Bereitstellungsraum hat die Besatzung ihren Tiger mit Getreidebüschel und Holzbalken getarnt. Um das Rohr der KwK wurde ein Seil oder eine Grasschnur gewickelt. Die Abschleppseile sind mit Schäkeln in den Zugaugen eingehängt und auf dem Wannendach abgelegt. Im Falle einer Bergung konnten die Abschleppseile ohne großen Zeitverlust am Bergefahrzeug eingehängt werden.

Birsen – July 1944

In the fierce rearguard engagements across Courland the defensive fighting became ever more violent, often lasting weeks. Places such as Birsen changed ownership again and again before they had to be given up.

Birsen – Juli 1944

In den heftigen Rückzuggefechten in Kurland wurden die Abwehrgefechte immer verbissener. Oft wurden sie über Wochen geführt. Orte wie Birsen wechselten den Besitzer mehrmals. Wieder zurückerobert mussten sie erneut aufgegeben werden.

153 A column of Tigers of 3./502 rolling through the destroyed village of Birsen. The Tigers are drawn in by the heavy fighting of recent days. Spare track links were mounted on the front plate as additional armor.

153 Ein Kolonne der 3./502 rollt durch das zerstörte Birsen. Die Tiger sind gezeichnet von den schweren Gefechten der vergangenen Tage. Als Zusatzpanzerung wurden auf der Frontplatte Kettenglieder angebracht.

154 Tiger Nr.308 brings up the rear of the column of three Tigers. Both rear mudguards are missing and the tools are not in their brackets either.

154 Das Schlusslicht der Kolonne aus drei Tigern bildet Tiger Nr.308. Die am Heck beidseitig angebrachten Kettenabdeckungen fehlen gänzlich. Auch ist kein Werkzeug in den Halterungen mehr vorhanden.

RETREAT TO COURLAND – AUTUMN 1944
RÜCKZUG NACH KURLAND – HERBST 1944

In September 1944 Russian troops of the Baltic Front attacked Heeresgruppe Nord at Riga. Parts of the 18 army withdrew from Estonia to Lithuania. The Russian troops reached the Baltic Sea in October 1944 north of Memel, thus severing the connexion to H.Gr.Mitte. H.Gr. Nord was now isolated on the Kurland Peninsula, defending itself in six Courland battles until surrender on 8. May 1945. Supplies were received through the ports of Liepaja and Ventspils, and right up to the surrender it was always possible to evacuate troops and tanks through those ports to Gdansk and Königsberg.

Im September 1944 griffen russische Truppen der »Baltischen Front« die Heeresgruppe Nord bei Riga an. Noch in Estland stehende Truppen Teile der 18. Armee wurden nach Litauen zurückgeführt. Die russischen Truppen erreichten im Oktober 1944 nördlich von Memel die Ostsee. Somit war die Verbindung zur H.Gr.Mitte unterbrochen und die Heeresgruppe Nord in Masse auf der Halbinsel Kurland eingeschlossen. Dort wurden die Stellungen in sechs Kurlandschlachten verteidigt und bis zur Kapitulation am 8. Mai 1945 gehalten. Die Versorgung erfolgte über die Seehäfen von Libau und Windau. Es gelang immer wieder Truppenteile und Panzer über die gehaltenen Häfen nach Danzig und Königsberg zu evakuieren.

Memel Pocket – 1944/45

Brückenkopf Memel – 1944/45

At the beginning of January Abteilung 502 was renamed as s.Pz.Abt.511 and supported the defenders of the Memel bridge head until the end of January. On 24.1 the 1/ and 2/511 with their remaining Tigers were sent by ship from Memel to Pillau to support the troops defending Samland and later in the Königsberg area. The last Tigers of 1./511 were handed over to 2./511 as replacements and replaced by Jagdpanzer 38. The defensive fighting in East Prussian continued until the capitulation on 8.5.1945.

Anfang Januar erfolgt die Umbenennung der Abteilung 502 in die s.Pz.Abt.511. Sie unterstützte bis Ende Januar die Verteidiger im Brückenkopf Memel. Am 24.1. verlegte die 1. und 2./502 mit den restlichen Panzern der Abteilung per Schiff nach Pillau um dort die Abwehrkämpfe im Samland und später im Bereich von Königsberg zu unterstützen. Ihre letzten Tiger musste die 1./ 501 an die 2./502 abgeben. Sie erhielten hierfür Jagdpanzer 38(t). Die Abwehrkämpfe in Ostpreußen zogen sich bis zur Kapitulation am 8.5.1945 hin.

Condition report
Zustandsbericht

Abteilung		511 (502)	511 (502)	511 (502)	511 (502)
Unterstellungverhältnis		**H.Gr.Nord**		**H.Gr.Nord**	**A.O.K Ostpreussen**
Meldung zum Stichtag		15.1.45	keine Meldung	20.3.45	zum 18.4.45
Gepanzerte Fahrzeuge		VI	VI	VI	VI
Soll (Zahlen)		45	45	45	45
einsatzbereit	zahlenmäßig	17		12	2
	in % des Solls	40%		27%	4%
in kurzfristiger	zahlenmäßig	15		0	1
Instandsetzung	in % des Solls	33%			2%

Excerpt of RH10-220 BAMA
Auszug aus RH10-220 BAMA

BSB – Hoffmann 1345

155

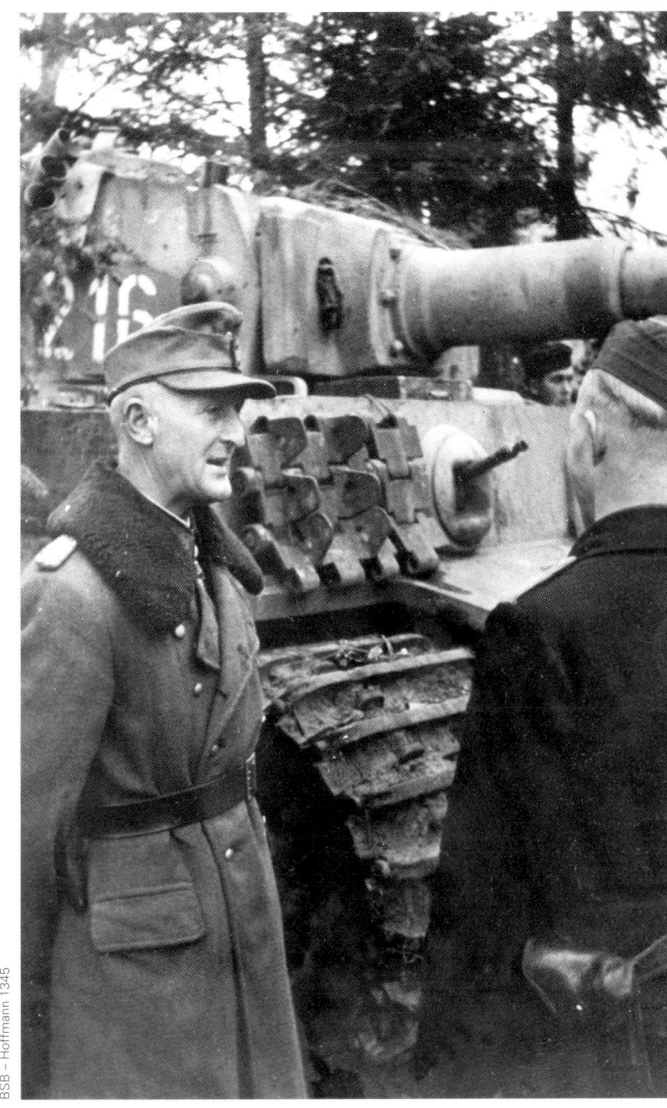

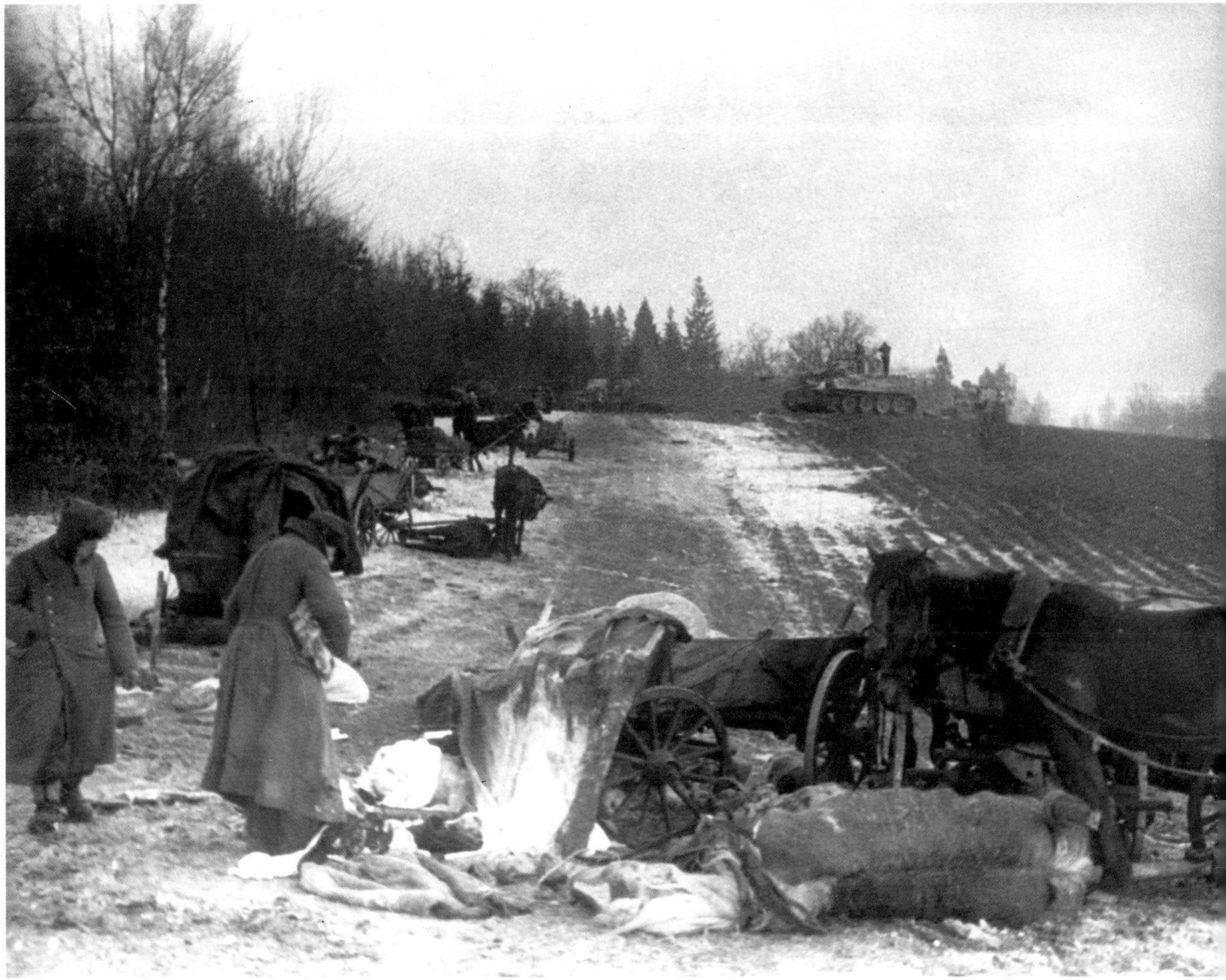

ullstein 00533893

156

155 General Gollnik, commanding general of the XXVIII. AK, meets a tank crew of the 2./502 in the Memel pocket. Tiger Nr.216, an early production model, was a combat-proven veteran issued in January- February 1944 to Army Group North and took part in the earlier fighting. Spare tracks fixed near the bow MG give additional protection.

156 Too late to be able to help, a group of Tiger tanks reaches the column of a German horse-driven supply unit with its light Heereswagen Hf.1 that were attacked by low-flying aircraft. Obviously most of the troops took shelter in the forest, and are now searching for still-usable things to be taken onward.

155 Im Brückenkopf »Memel« trifft sich General Gollnik, kommandierender General des XXVIII.AK, mit Panzermänner der 2./502. Der Tiger Nr.216 der frühen Ausführung ist ein kampferprobter Veteran und bereits seit Januar-Februar 1944 bei der Heeresgruppe Nord im Kampfeinsatz. Zur Verstärkung der Panzerung wurden zusätzliche Ersatzketten neben dem Bug-MG montiert.

156 Zu spät um helfen zu können erreicht eine Gruppe von Tiger eine von Tieffliegern zusammengeschossene, pferdebespannte Versorgungseinheit, die mit leichten Heeresfeldwagen Hf.1 ausgerüstet ist. Wahrscheinlich konnten sich die meisten Soldaten in den Wald retten. Möglicherweise suchten sie nun nach verwendbaren Gegenständen für den weiteren Marsch.

The last Tigers – 1945

In November 1944 the last 6 Tigers of 3./502 were transferred to s.Pz.Abt.510. Officers and crews of 3./502 left by sea from the port of Liepaja and were ferried to Gdansk, then went on to Paderborn and Sennelager to reequip with the Tiger II and trained with it. 3./502 arrived there in Mid December 44 and began learning about the new Tiger II, but their assigned Tiger IIs were transferred at short notice to s.Pz.Abt.507. At the beginning of January Abteilung 502 was renamed as s.Pz.Abt.511.

The last 15 Tiger IIs were finished at the end of March in the Henschel facilities at Kassel and divided between 3./510 and 3./511. 3./511 fought with them in the Kassel area against American armor and withdrew with its remaining tanks toward the Harz mountains.

Die letzten Tiger – 1945

Im November 1944 wurden die letzten sechs Tiger der 3./502 an die s.Pz.Abt.510 abgegeben. Offiziere und Mannschaften der 3./502 gingen im Hafen von Libau an Bord und setzen nach Danzig über. Weiter ging es nach Paderborn-Sennelager zur Umschulung und Ausrüstung auf Tiger II. Dort traf die 3./502 Mitte Dezember 44 ein und begann mit der Einweisung auf den neuen Tiger II. Bereits zugewiesene Tiger II wurden kurzfristig an die s.Pz.Abt.507 übergeben. Anfang Januar erfolgte dann die Umbenennung der Abteilung 502 in s.Pz.Abt.511.

Ende März wurden im Henschel-Werk Kassel die letzten 15 Tiger II abgenommen und zwischen der 3./510 und der 3./511 aufgeteilt. Die 3./511 setzte die Tiger in der Umgebung von Kassel gegen heranrückende amerikanische Panzertruppen ein. Mit den verbliebenen letzten Panzern erfolgte der Rückzug Richtung Harz.

157 Baunatal, near Kassel, Knallhütte Inn – whether technical defect or damage by a hit is present cannot be determined exactly. The Tiger II was left by its crew beside the Knallhütte Inn. The vehicle received a hard-edged camouflage, but no markings. The tank was delivered on its transport tracks.

157 Kassel Baunatal, Gasthof Knallhütte – ob ein technischer Defekt oder Beschussschaden vorliegt lässt sich nicht genau bestimmen. Der Tiger II wurde am Gasthof Knallhütte von seiner Besatzung aufgegeben. Das Fahrzeug hatte einen scharfkantigen Anstrich erhalten, eine Kennzeichnung erfolgte nicht. Der Panzer wurde auf Transportketten ausgeliefert.

158

158, 159 Another Tiger II was abandoned near Holzhausen and was pushed off the road by American troops into a bomb crater. There it stayed for months, sunk in the crater filled with rainwater, until cut up and removed. This Tiger also has a hard-edged paint scheme but no markings.

158, 159 Bei Holzhausen wurde ein weiterer Tiger II aufgegeben und von den heranrückenden Amerikaner von der Straße in einen Bombenkrater geschoben. Dort war der Panzer über Monate in einem mit Regenwasser angefüllten Krater versenkt. Anschließend wurde das Fahrzeug zur Verwertung zerschnitten. Der Tiger war mit einem scharfkantigen Anstrich versehen, ebenso fehlte jegliche Kennzeichnung am Fahrzeug.

159

In preparation   **In Vorbereitung**

DER TIGER – Volume 3 – schwere Panzerabteilung 503

Schwere Panzerabteilung 503 fought on the battlefields of Russia, France, Hungary, Austria and Czechoslovakia. This third book »DER TIGER« will use images taken by photographers of the Propaganda Companies and private photographs taken by members of the Abteilung, arranged in chronological order by place and sequence to show the Tiger in the field, under maintenance and in action.

- Formation in May 1942 – Döllersheim – Training
- Winter 42/43 – Frühjahr 43 – Operations in Heeresgruppe Don
- Sommer 43 – Winter 43/44 – Ukraine – Operation Zitadelle
- Sommer 44 – Reestablishment – In action in Normandy
- Autumn 44 – Revitalisation – Re-equipped with Tiger II
- Winter 44/45 – Budapest
- Spring 45 – Lake Balaton – Vienna – Czechoslovakia – Reich border

128 pages with over 100 unique photographs, format 305 x 240mm, ISBN 978-3-9816908-2-8

DER TIGER – Band 3 – schwere Panzerabteilung 503

Die schwere Panzerabteilung 503 kämpfte auf den Schlachtfeldern in Russland, Frankreich, Ungarn, Österreich und Tschechoslowakei. Das dritte Buch »DER TIGER« dokumentiert die Einsatzgeschichte dieser Einheit in chronologisch geordneten, dokumentarischen Bildsequenzen. Das Bildmaterial stammt von Angehörigen der Abteilung sowie von professionellen Propagandafotografen der Wehrmacht.

- Aufstellung im Mai 1942 – Döllersheim – Ausbildung
- Winter 42/43 – Frühjahr 43 – Einsätze bei der Heeresgruppe Don
- Sommer 43 – Winter 43/44 – In der Ukraine – Operation Zitadelle
- Sommer 44 – Neuaufstellung – Einsatz in der Normandie
- Herbst 44 – Auffrischung – Ausrüstung mit Tiger II
- Winter 44/45 – Budapest
- Frühjahr 45 – Plattensee – Wien – Tschechoslowakei – Reichsgrenze

128 Seiten mit mehr als 100 Abbildungen, Format 305 x 240 mm, ISBN 978-3-9816908-2-8